Wok

Über 100 asiatische und internationale
Gerichte aus der tollen Wunderpfanne

Text: Hubert Hienle
Fotos: Studio L'EVEQUE Tanja & Harry Bischof

Inhaltsverzeichnis

1. Das Original

Der original asiatische Wok ähnelt einer großen, hohen Pfanne mit rundem Boden und ist nur für den Einsatz auf einem Gasherd mit offener Flamme geeignet. Der thailändische Wok hat einen langen Griff, die chinesische Variante hat kurze Griffe an den Seiten. Beide sind nicht für unsere europäischen Herdarten (Ceranfeld, Platten- oder Induktionsherd) geeignet, da sie auf einer glatten Fläche schaukeln würden. Wichtig für europäische Küchen ist daher ein abgeflachter Boden, der sicher steht und eine gute Wärmeaufnahme ermöglicht.

2. Gusseisenwok

Der schwere Gusseisenwok ist der Klassiker, wie er schon seit über 3000 Jahren in Asien verwendet wird. Gusseisen ist sehr robust und hat eine fast unbegrenzte Lebensdauer. Die Innenfläche sollte nach jedem Gebrauch mit etwas Öl eingerieben werden, damit der Wok nicht rostet. Gusseisen speichert die Wärme sehr gut. Gemüse und Fleisch rutschen an der rauen Seitenwand nicht ab. Weil die Hitze dort geringer ist als am Boden, kann man Fleisch oder Gemüse am Rand hoch schieben und dadurch den Bratvorgang gut steuern.

3. Alugusswok

Dieser Wok mit Beschichtung ist besonders leicht und dabei doch robust. Er lässt sich sehr einfach handhaben und dank seiner glatten Innenseite mühelos reinigen. Allerdings ist er ein wenig empfindlich. Ähnlich wie in beschichteten Pfannen darf auch im Alugusswok nur mit Holz oder speziellen Kunststoffschaufeln gerührt werden, damit die Beschichtung nicht verletzt wird. Aluguss heizt sich schneller auf als Gusseisen. Hier ist Vorsicht geboten: Der Wok darf nicht überhitzt werden, weil auch dies der Beschichtung schaden könnte.

4. Edelstahlwok

Er ist leichter als der Gusseisenwok und rostfrei. Seine glatten Flächen lassen sich gut reinigen. Edelstahl heizt rasch auf, speichert die Wärme jedoch nicht so gut. Tipp: Woks aus Edelstahl immer zunächst leer erhitzen, dann erst das Öl dazugeben und die Zutaten sofort darin anbraten. Das ist wichtig, damit klein geschnittenes Fleisch oder Gemüse beim Braten nicht am Wokboden kleben bleibt. Für Menschen mit einer Nickelallergie ist dieser Wok weniger geeignet, da Edelstahl Nickel enthält.

5. Silarganwok

Woks aus Stahlkeramik (Silargan) haben eine lange Lebensdauer, sind schneid- und kratzfest und enthalten kein Nickel. Das Material ist auch für hohe Temperaturen gut geeignet: Die Hitze wird sehr schnell aufgenommen, gleichmäßig verteilt und lange gespeichert. Damit ist dieser Wok ideal für die typischen Garmethoden der asiatischen Küche wie z. B. das Pfannenrühren oder Frittieren. Wie beim Edelstahl sollten Sie auch den Wok aus Stahlkeramik zunächst leer erhitzen, dann erst das Öl dazugeben.

6. Wokpfanne

Mit ihrem hohen Rand, der großen Bratfläche, dem Stiel und einer Antihaftbeschichtung verbindet die Wokpfanne die Vorzüge eines klassischen Woks ideal mit denen einer üblichen Bratpfanne. Sie ist universell einsetzbar: Praktisch alle asiatischen Gerichte aber auch europäische Spezialitäten lassen sich darin hervorragend zubereiten. Die Wokpfanne eignet sich deshalb gut für »Wok-Einsteiger«, für kleine Haushalte und alle, die den Wok auch für die alltägliche Küche nutzen wollen.

1

2

3

4

5

6

1. Pfannenrühren und braten

Die schnellste Garmethode im Wok: Vorbereitetes Gemüse oder Fleisch wird in wenig Öl bissfest gebraten und dabei ständig gerührt. Je fester die Konsistenz, desto feiner sollten die Zutaten geschnitten sein. Die Lebensmittel immer in der Reihenfolge ihrer Garzeiten anbraten, zuerst also Zutaten mit der längsten Garzeit.

2. Schmoren und dünsten

Bei dieser Garmethode werden die Lebensmittel zunächst angebraten und anschließend – je nach Rezept – mit Flüssigkeit bei geschlossenem Deckel und meist schwächerer Hitze schonend gegart. Man kann im Wok auf diese Weise auch Gulasch, Rouladen, ganze Fische und andere nicht-asiatische Gerichte zubereiten.

3. Dämpfen

Bei dieser in Asien beliebten Garmethode werden Gemüse oder Teigtaschen besonders schonend gegart. Zum Dämpfen etwas Flüssigkeit in den Wok gießen. Bambuskorb oder Edelstahleinsatz hineinstellen, Lebensmittel darauf legen und zugedeckt im Dampf garen. Ein Tipp: Als Dämpfeinsatz können auch über Kreuz gelegte Essstäbchen und ein Teller dienen.

4. Frittieren

Dazu ca. 1/2 l Pflanzenöl im Wok erhitzen und das Gargut darin portionsweise schwimmend ausbacken. Das Öl hat die richtige Frittier-Temperatur, wenn man einen Holzlöffelstiel eintaucht und daran sofort kleine Bläschen aufsteigen. Der Wok hat gegenüber einer Fritteuse den Vorteil, dass im Verhältnis zur großen Oberfläche weniger Öl benötigt wird.

5. Räuchern

Zum Räuchern von Fisch oder anderen Lebensmitteln den Wok mit Alufolie auslegen, Räuchermehl darauf streuen. Anschließend den Wok solange erhitzen, bis das Mehl anfängt zu rauchen. Mit Hilfe eines Gitters bzw. eines speziellen Edelstahleinsatzes wird der vorbereitete Fisch in den Rauch gehängt. Den Deckel sofort fest auflegen.

6. Fondue

Der Wok eignet sich prima als Fonduetopf: Dazu Fleisch- oder Gemüsebrühe in den Wok füllen und auf dem Herd zum Kochen bringen. Dann den Wok auf einem Rechaud auf den Tisch stellen. Nun legen Sie vorbereitete Fleisch-, Fisch- oder Gemüsestücke in Drahtkörbchen (gibt's im Asialaden), tauchen sie in die heiße Brühe und lassen sie darin garen.

7. Italienisch kochen

Auch Nudelgerichte gelingen im Wok. Während z. B. Spaghetti »al dente« kochen, wird im Wok die Sauce zubereitet. Nudeln abgießen, in den Wok geben und in der Sauce nochmals kurz aufkochen lassen (dadurch nehmen die Nudeln die Sauce besonders gut auf). Auch Käsespätzle oder Schinkennudeln gelingen im Wok.

8. Suppen zubereiten

Für die Suppenküche eignet sich der Wok ebenfalls. Dazu wird er wie ein normaler Kochtopf verwendet. Das Umrühren der Zutaten geht auf Grund der weiten, ausladenden Form besonders leicht. Ein Tipp: Das Süppchen bleibt beim Servieren schön heiß, wenn Sie den Wok auf einem Réchaud auf den Tisch stellen.

9. Im Ofen braten

Einen Wok mit Metallgriffen kann man prima als Bräter im Backofen einsetzen. Für z. B. Schweinebraten 1 EL Öl im Wok erhitzen, 1 kg Fleisch darin scharf anbraten. 1 EL klein geschnittenes Wurzelgemüse dazugeben, alles mit 100 ml Brühe ablöschen. Den Wok in den auf 200° vorgeheizten Backofen stellen, das Fleisch darin ca. 1 1/2 Std. garen.

1

2

3

4

5

6

7

7

8

9

1. Knackiges Gemüse

Unterschiedliche Gemüsesorten benötigen auf Grund unterschiedlicher Härtegrade auch unterschiedliche Garzeiten. So müssen z. B. Paprika und Möhren länger pfannengerührt werden als Zucchini und Frühlingszwiebeln. Deshalb brät man zuerst die festeren Gemüse im Wok und danach – gestaffelt nach Härtegrad – alle anderen. Darum ist die clevere Vorbereitung beim Wokken auch so wichtig: Stellen Sie sich die zerkleinerten Gemüse jeweils in Schälchen bereit, dann können Sie diese zügig nacheinander in den Wok befördern.

2. Wokken wie ein Profi

Das Tolle am Wok: Der Garvorgang der Zutaten lässt sich prima steuern. Zutaten, die nicht mehr weitergaren sollen, werden am Rand hoch geschoben. Dort ist die Hitze so gering, dass der Garvorgang unterbrochen wird, z. B. Gemüse also knackig, aber trotzdem warm bleibt. Fleisch und Fisch kommen in der Regel erst in den Wok, wenn das Gemüse angebraten ist: Letzteres also am Rand nach oben schieben, etwas Öl in der Wokmitte erhitzen und das Fleisch darin anbraten. Die Bratrückstände dann z. B. mit Brühe lösen – das bringt Aroma in die Sauce.

3. Das Zubehör

In der asiatischen Küche beliebte Zubereitungsarten wie Schmoren oder Dämpfen erfordern einen fest schließenden **Deckel** aus Edelstahl oder hitzefestem Glas – der Vorteil von Glasdeckeln: Der Garprozess lässt sich beobachten. Auf einem **Metallgitter,** das in den Wok eingehängt wird, kann ausgebackenes Gargut abtropfen: Es bleibt dort warm, und der Bratensaft landet im Wok. Eine **Wokschaufel** passt sich prima der Form des Woks an – achten Sie aber Ihrem Wok entsprechend auf das Material, damit Sie seine Beschichtung nicht beschädigen.

4. Teller-Styling

Für **Frühlingszwiebelpinsel** 1 Frühlingszwiebel waschen, die Wurzel entfernen und die Zwiebel in ca. 5 cm lange Stücke schneiden. 1 frische rote Chilischote ebenfalls waschen und in Ringe schneiden. Je 1 Ring auf 1 Zwiebelstück schieben und die Enden der Zwiebel von beiden Seiten längs einschneiden: So entstehen sehr feine Streifen. Die Pinsel in kaltes Wasser legen, damit die Streifen auseinander gehen. Für **Möhrenblumen** 1 Möhre der Länge nach und rund herum mit einem scharfen Messer einkerben und dann quer in dünne Scheiben schneiden.

5. Gute Messer

Das Vorbereiten und Schneiden von Gemüse, Fleisch und Fisch ist beim Wokken die eigentliche Arbeit. Ein scharfes Messer tut da gute Dienste: Es sollte eine breite, dünne Klinge haben, mit der große Gemüsesorten wie z. B. Chinakohl bequem zerkleinert und empfindliche Kandidaten glatt durchgeschnitten werden können, ohne dabei angequetscht zu werden. Mit der breiten Klinge lassen sich zudem gehackte, gewürfelte oder in Streifen geschnittene Gemüse auch gut zusammenschieben und in Schüsseln verfrachten.

6. Wokken am Tisch

Für diese europäische Variante des Wokkens benötigen Sie einen Réchaud, besser noch eine Induktionskochplatte: Hier wird der Wokboden über ein ferromagnetisches Feld direkt erhitzt. Die vorbereiteten Zutaten einfach in Schälchen zum Wok auf den Tisch stellen, dazu auch alle Gewürze und Würzsaucen. So kann sich jeder nach Herzenslust sein eigenes Gericht am Tisch zusammenstellen. Außerdem lässt sich dieses gesellige Essen prima vorbereiten. Gegen die unvermeidlichen Duftspuren helfen mit Nelken gespickte Zitronen.

1

2

3

4

5

6

1. Fleisch

In China wird nur Rindfleisch quer zur Faser geschnitten, Schweine- oder Geflügelfleisch dagegen wird – anders als hier zu Lande – längs zur Faser geschnitten, damit es sich im Wok nicht in einen fasrigen Brei auflöst. Zum Pfannenrühren sollten die Fleischstreifen hauchdünn sein, zum Schmoren müssen sie dicker geschnitten werden (ca. 1 cm).

2. Fisch

Rohen Fisch kurz kalt abspülen und trockentupfen. TK-Fisch am besten über Nacht im Kühlschrank auftauen lassen. Wegen der kurzen Garzeit nicht zu klein schneiden und erst kurz vor Ende der Garzeit in den Wok geben – sonst löst sich das zarte Fleisch praktisch auf. Ein Tipp: Besonders saftig bleibt Fisch, wenn er in einer Teighülle frittiert wird.

3. Pilze

Frische Shiitake-Pilze, Champignons oder Austernpilze möglichst nicht waschen, sie saugen das Wasser wie ein Schwamm auf und verlieren so an Aroma. Erdreste am besten mit feuchtem Küchenpapier oder einem weichen Pinsel entfernen. Bei Austernpilzen die zähen Stiele entfernen, bei Champignons und Shiitake nur den trockenen Anschnitt.

4. Ingwer

Zum Schälen ist ein Sparschäler oder ein kleines Obstmesser geeignet – damit kommt man gut in die Verzweigungen. Beim Einkauf auf helle, glatte Haut achten – ein Zeichen für Frische. Ingwer erst kurz vor dem Wokken schneiden, da sich die ätherischen Öle schnell verflüchtigen. Die ganze Wurzel bleibt im Kühlschrank 2–3 Wochen frisch.

5. Zwiebeln

Die schnellste Art, Zwiebeln zu würfeln: 1 Zwiebel schälen, dabei die Wurzelansätze nicht entfernen. Dann die Zwiebel längs halbieren und mit der Schnittkante nach unten auf ein Brett legen. Jetzt erst längs in dünne Scheiben, dann quer in dünne Scheiben schneiden. Zum Schluss noch die Wurzel kappen – fertig sind die Zwiebelwürfel.

6. Chilis

Damit von der Chilischärfe nichts in die Augen oder an die Lippen kommt, beim Vorbereiten der Schoten am besten Gummihandschuhe tragen oder die Hände nach dem Zerkleinern sofort gründlich kalt abspülen. Die meiste Schärfe sitzt in den Kernen und weißen Häutchen, diese lassen sich unter fließend kaltem Wasser problemlos abspülen.

7. Brokkoli

Bevor Brokkoli in den Wok wandert, sollte er 2–3 Min. blanchiert, d. h. in sprudelnd kochendes Salzwasser getaucht werden. Dann in ein Sieb abgießen und eiskalt abschrecken. Das unterbricht den Garvorgang, und der Brokkoli behält seine schöne grüne Farbe. Ein weiterer Vorteil: Im Wok verkürzt sich dadurch die Garzeit auf 1–2 Min.

8. Kräutervorrat

Frische Kräuter halten sich im Kühlschrank nur kurz, am besten tropfnass in einem verschlossenen Plastikbeutel. Länger bleiben sie in der Gefriertruhe frisch: Dazu die Kräuter waschen, die Blättchen abzupfen, hacken und mit etwas Wasser im Eiswürfelbehälter einfrieren. So ist immer ein fertig portionierter Aromavorrat zur Hand.

9. Gemüsestifte

Streichholzähnliche, dünne Gemüsestifte eignen sich prima, um sie mit den Stäbchen aufzunehmen. So wird's gemacht: Z. B. 1 Möhre quer halbieren. Dann die beiden Hälften jeweils längs in gleichmäßige Scheiben schneiden. Mehrere Scheiben aufeinander legen und den so entstandenen Block längs in gleichmäßige, sehr dünne Streifen schneiden.

1

2

3

4

5

6

7

8

9

11

1. Austernsauce

… bzw. »oyster sauce« wird in der Regel aus Austernextrakt, Stärke, Salz und einer Gewürzmischung hergestellt. Sie schmeckt nicht aufdringlich nach Fisch, eignet sich daher auch gut zum Würzen von Fleisch- und Geflügelgerichten. Es lohnt sich, etwas mehr Geld auszugeben. Billigprodukte schmecken oft nur salzig. Als Ersatz kann Fischsauce dienen.

2. Kung Po-Sauce

… stammt aus der chinesischen Szechuan-Küche und schmeckt scharf und aromatisch. Die Zusammensetzung kann variieren. Meist sind Chilischoten (manchmal im Ganzen), Sojasauce und Sesamöl dabei. Kung Po-Sauce wird klassisch für Hähnchengerichte verwendet, aber auch für Rindfleisch, Meeresfrüchte oder um Tofu zu würzen.

3. Fünf-Gewürz-Pulver

Die auch in Thailand beliebte chinesische Gewürzmischung besteht meist aus gemahlenen Fenchelsamen, Gewürznelken, Pfeffer, Sternanis und Zimt. Die Zusammensetzung kann jedoch variieren. Eine Fünf-Gewürz-Mischung gibt's auch in der indischen Küche. Dort werden aber andere Gewürze im Ganzen verwendet.

4. Currypasten

… können gelb, grün, rot und auch bräunlich sein. Die Würzpasten auf Basis von Chilischoten mit verschiedenen Kräutern und Gewürzen, auch Ingwer oder Zwiebeln erhalten Sie in unterschiedlichen Geschmacksrichtungen von mildwürzig bis feurig-scharf. Lassen Sie sich im Asienladen beraten. Currypasten immer vorsichtig dosieren!

5. Hoi Sin-Sauce

… ist eine chinesische Würzsauce aus Sojabohnen, Sesamöl, Essig und anderen Gewürzen. Sie schmeckt süßlich-scharf und lässt sich sehr gut mit der Austernsauce (siehe 1.) kombinieren. Sie finden Hoi Sin-Sauce im Asienladen, oft auch im Asienregal größerer Supermärkte und können stattdessen auch süße Bohnenpaste verwenden.

6. Ingwer

Die Wurzel der Ingwerstaude ist das wichtigste Gewürz in der asiatischen Küche. Sie verleiht Gerichten eine fruchtig-scharfe Note. Je älter die Wurzel, desto intensiver das Aroma. Jungen Ingwer erkennen Sie an der dünnen straffen Haut und dem saftigen Fleisch. Ingwer harmoniert sehr gut mit Knoblauch. Ihm wird heilende Wirkung nachgesagt.

7. Kokosmilch

… besteht aus Kokosmark, Milch und/oder Wasser. Sie dient mit ihrem fein-nussigen Geschmack in der asiatischen, vor allem der thailändischen Küche als milde Basis für Saucen. Sie finden Kokosmilch in Dosen im Exotikregal größerer Supermärkte und natürlich im Asienladen. Angebrochene Dosen bald aufbrauchen, Kokosmilch verdirbt leicht.

8. Kurkuma

… heißt auch Gelbwurzel und gibt dem Currypulver seine gelbliche Farbe. Mit Kurkumapulver lassen sich Reis oder Nudeln mühelos und obendrein preiswert färben. Das Gewürz schmeckt erdig bis leicht bitter. Dosieren Sie es vorsichtig. Da Kurkuma sehr lichtempfindlich ist, sollten Sie das Pulver stets in dunklen Gläsern aufbewahren.

9. Sambal oelek

… ist eine rote, feurig-scharfe Würzpaste aus zerstoßenen Chilischoten und Salz, manchmal auch zusätzlichen Gewürzen. Sambal manis wird meist mit Zucker hergestellt und schmeckt weniger scharf. Beide gibt's im Asienladen und im größeren Supermarkt. Sambal stets vorsichtig dosieren. Gläser nach dem Öffnen im Kühlschrank aufbewahren.

1. Gemüse

Ob Brokkoli oder Chinakohl, Möhren, Lauch oder Sellerie: Gemüse steht immer im Mittelpunkt der asiatischen Küche, ist meist Hauptbestandteil eines Gerichtes – im Gegensatz zu unserer Küche, die oft dem Fleisch den wichtigsten Platz einräumt. Asiaten essen im Durchschnitt wesentlich weniger tierische Fette. Dies ist ein Grund, warum die asiatische Küche als eine der gesündesten der Welt gilt. Ein weiteres Plus: Kurze Garzeiten im Wok schonen Nährstoffe und Vitamine der Gemüsesorten.

2. Sojaprodukte

Auch Sojaprodukte stehen in der asiatischen Küche auf dem alltäglichen Speiseplan. Tofu und Co. liefern pflanzliches Eiweiß und enthalten auch darüber hinaus viele wertvolle Inhaltsstoffe, die für unseren Körper unerlässlich sind. In unserer Küche werden Sojaprodukte seltener verwendet. Ein Tipp: Geben Sie einfach in Suppen und Saucen einen Schuss Sojasauce, sie schmeckt nicht nur hervorragend, sondern ist auch gesund. Sojaprodukte sind gute Eiweißlieferanten für alle, die auf Fleisch verzichten wollen.

3. Fisch

Vor allem Meeresfische sind reich an Jod und wertvollen Omega-3-Fettsäuren. Diese Fettsäuren sind für unseren Körper sehr wichtig. Sie sollen beispielsweise helfen, den Fettspiegel im Blut und dadurch auch das Herzinfarktrisiko zu senken. Ernährungswissenschaftler empfehlen, mindestens 1–2 Portionen Meeresfisch in der Woche zu genießen. Im Wok lassen sich gesunde Fischgerichte besonders schnell und unkompliziert zubereiten, z. B. braten, dünsten, dämpfen oder frittieren.

4. Eiweiß

… wird auch Protein genannt und zählt neben Fett und Kohlenhydraten zu den drei Grundnährstoffen, welche der Körper täglich braucht. Es gibt pflanzliches und tierisches Eiweiß. Wir führen es unserem Körper mit Eiern, Fleisch, Fisch, Milchprodukten, Getreidesorten, Hülsenfrüchten, Kartoffeln und Sojaprodukten zu. Beide Eiweißarten sind für uns wichtig. Da tierische Produkte mehr Fett enthalten, sollten Sie im Rahmen einer ausgewogenen Ernährung aber hochwertiges Eiweiß in pflanzlicher Form bevorzugen.

5. Fett

… ist der zweite Grundnahrungsstoff für unseren Körper. Am besten naturbelassene pflanzliche Fette und keine gehärteten Fabrikfette verwenden, sie sind wertvoller für unsere Gesundheit. Zum Braten im Wok eignen sich neutrale Pflanzenöle besonders gut, auch Soja-, Raps- oder Erdnussöl. Kaltgepresste Öle sind nicht hitzestabil. Gerichte, bei denen Gemüse ohne Fettzugabe gedünstet wird, zum Schluss mit 1 EL Öl abrunden, damit unser Körper auch die fettlöslichen Vitamine A, D, E und K verwerten kann.

6. Kohlenhydrate

… gehören neben Fett und Eiweiß ebenfalls zu den Grundnahrungsstoffen. Wertvolle Kohlenhydrate sind vor allem in Gemüse, Obst, Salat, Getreide, Kartoffeln, Nudeln, Reis und Hülsenfrüchten enthalten. Sie gehören zu den wichtigsten Bestandteilen unserer Ernährung und sollten gut die Hälfte unserer Nahrung ausmachen. Verzichten Sie jedoch möglichst auf Zucker. Bei Reis und Nudeln öfter mal Vollkornprodukte verwenden, weil sie zusätzliche wichtige Vitamine und Ballaststoffe liefern.

Wok vegetarisch

16

Gesunde Frische für den Wok

Asiatische Spezialitäten werden in unseren Breiten immer beliebter, und mit diesem Trend hat auch der Wok seinen Platz in unseren Küchen gefunden. Das liegt auch daran, dass frisches Gemüse im Wok abwechslungsreich und auf gesunde Art zubereitet werden kann. Im Wok wird es nur kurz gegart oder schonend gedämpft. So behält es seine schöne Farbe und knackigen Biss. Und auch die wertvollen Inhaltsstoffe, besonders die Vitamine, bleiben weitgehend erhalten.

Gemüse clever einkaufen

Vor jedem guten Essen steht der Einkauf, und da lautet die Devise: Gute Qualität zahlt sich beim Geschmack aus. Die erkennen Sie auch am Aussehen: Gemüse sollte keine weichen, dunklen oder schimmligen Stellen haben. Achten Sie auf schöne Farbe, pralle Schale und feste Struktur. Am besten das Gemüse kaufen, das gerade Saison hat. Dann ist es preiswert, und seine Transportwege sind kurz. Bei Gemüse, das einen langen Weg hinter sich hat, bleiben wertvolle Vitamine und Pflanzenstoffe auf der Strecke. Bevorzugen Sie Gemüse aus der Region, denn viele heimische Sorten sind auch Standard in der asiatischen Küche. Im Idealfall verwenden Sie Gemüse aus biologischem Anbau, frisch vom Bauern, Markt oder aus dem Bioladen.
Blattgemüse wie Chinakohl und Weißkohl gibt es überall zu kaufen, Exotisches wie Pak Choi dagegen meist nur im Asienladen – der chinesische Kohl kann aber gut durch Mangold ersetzt werden. **Wurzelgemüse**, etwa Möhren, Rettich und Kartoffeln, bekommen Sie in jedem Supermarkt. Süßkartoffeln sind nicht so leicht zu finden. Sie können stattdessen mehlig kochende Kartoffeln verwenden. Statt **Auberginen** können Sie auch einmal Thai-Auberginen ausprobieren: Es gibt sie in vielen verschiedenen Formen und Farben – von oval und groß wie ein Ei bis rund und klein wie eine Erbse. **Exotischere Gemüse** aus wärmeren Gefilden bekommen Sie oft auch in türkischen Lebensmittelgeschäften, z. B. Okra- und Zuckerschoten. Bambus- und andere **Sprossen** aus Dose oder Glas finden Sie in jedem Supermarkt. Frische Bohnensprossen sind im Asienladen und im Gemüseregal großer Supermärkte erhältlich. Frische **Shiitake-Pilze** verderben schnell und sind nicht bei jedem Gemüsehändler vorrätig. Getrocknete sind eine gute Alternative, ihr Geschmack ist sogar noch intensiver. Wichtig: Vor der Verwendung Pilze ca. 20 Minuten in heißem Wasser einweichen, danach können sie wie frische zubereitet werden. Die Einweichflüssigkeit ist sehr aromatisch, und statt mit Wasser oder Brühe kann das Gericht auch damit abgelöscht werden. Flüssigkeit durch einen Kaffeefilter abgießen.

So bleibt's frisch und knackig

Kaufen Sie Gemüse am besten nur für den täglichen Bedarf. Denn je frischer es ist, desto mehr Nährstoffe und Geschmack bietet es. Wurzel- und Kohlgemüse dürfen einige Tage im Gemüsefach des Kühlschranks aufbewahrt werden. Tomaten, Paprika oder Auberginen sollten Sie dort nur kurz unterbringen, sie verderben schnell.
Gemüse möglichst immer erst kurz vor dem eigentlichen Garen vorbereiten: Was nicht geschält wird, wird gründlich unter fließendem Wasser abgewaschen. Tupfen Sie es anschließend trocken, damit es im heißen Öl nicht spritzt. Gemüse klein schneiden und in Schälchen griffbereit neben den Herd stellen, damit es zügig nacheinander in den Wok kann. Eine schnelle Alternative zu frischem Gemüse ist Tiefkühlware. Diese aber nicht in Öl braten (Spritzgefahr!), sondern zunächst in heißer Brühe dünsten. Erst zum Schluss etwas Öl (z. B. dunkles Sesamöl) oder etwas Butter darüber geben.

ganz einfach **Tomaten-Kokossuppe mit Tofu**

(im Bild vorne)

Für 4 Personen:
200 g Tofu | 2 EL dunkle Sojasauce
1 EL Zitronensaft | 1 Zwiebel
2–3 Möhren (150 g)
1 Bund Frühlingszwiebeln
1 EL neutrales Pflanzenöl
1 Msp. Sambal oelek
100 ml trockener Weißwein
1 Dose stückige Tomaten (400 g)
1 Dose ungesüßte Kokosmilch (400 ml)
Salz | Pfeffer

Zubereitungszeit: ca. 35 Min.
Marinierzeit: 30 Min.
Pro Portion: ca. 130 kcal

1 Den Tofu in ca. 1 cm große Würfel schneiden. Mit 1 EL dunkler Sojasauce und dem Zitronensaft vermischen und 30 Min. marinieren. Inzwischen die Zwiebel schälen und klein würfeln. Die Möhren waschen, putzen und in Stifte schneiden. Die Frühlingszwiebeln putzen und waschen, die weißen und hellgrünen Teile schräg in 2–3 cm lange Stücke, die grünen Teile in feine Ringe schneiden.

2 Das Öl im Wok erhitzen und die Zwiebel darin glasig dünsten. Den Tofu mit der Marinade und dem Sambal oelek dazugeben und kurz mitbraten. Die Möhren und die weißen und hellgrünen Teile der Frühlingszwiebeln dazugeben und 2–3 Min. pfannenrühren. Den Wein angießen und fast ganz einkochen lassen. Dann die Tomaten und die Kokosmilch dazugießen.

3 Die Suppe zugedeckt ca. 15 Min. leise kochen lassen. Mit Salz, Pfeffer und der restlichen Sojasauce abschmecken, zwei Drittel der Frühlingszwiebelringe einrühren. Mit den restlichen Frühlingszwiebeln bestreut servieren.

kalorienarm **Spinatcremesuppe**

(im Bild hinten)

Für 4 Personen:
1 kleine Zwiebel
2 Knoblauchzehen
200 g Blattspinat (ersatzweise TK-Spinat)
1 EL neutrales Pflanzenöl
1/2 l Fleischbrühe (Instant)
1 Dose ungesüßte Kokosmilch (400 ml)
100 g Sahne
Salz | Pfeffer

Zubereitungszeit: ca. 30 Min.
Pro Portion: ca. 125 kcal

1 Die Zwiebel und den Knoblauch schälen und in kleine Würfel schneiden. Den Spinat waschen, verlesen und abtropfen lassen. (Den TK-Spinat auftauen lassen.)

2 Das Öl im Wok erhitzen und die Zwiebel und den Knoblauch darin glasig dünsten. Die Brühe und die Kokosmilch angießen. Den Spinat dazugeben und alles ca. 10 Min. leise kochen lassen. Inzwischen die Sahne steif schlagen.

3 Die Suppe mit dem Pürierstab pürieren. Mit Salz und Pfeffer abschmecken. In vier kleine Schalen geben und mit einer Sahnehaube servieren.

blitzschnell Rotes Linsencurry

(im Bild hinten)

Für 4 Personen:
2 mittelgroße Zwiebeln
2 Knoblauchzehen
1 Stück frischer Ingwer (ca. 30 g)
2 frische rote Chilischoten
1 Stange Zitronengras
2 EL neutrales Pflanzenöl
1 TL rote Currypaste (Asienladen)
je 1/2 TL Kreuzkümmel-, Koriander-
*   und Kurkumapulver*
400 g rote Linsen
300 ml Gemüsebrühe (Instant)
1 Dose ungesüßte Kokosmilch (400 ml)
1 EL frisch gehackter Koriander

Zubereitungszeit: ca. 20 Min.
Pro Portion: ca. 395 kcal

1 Die Zwiebeln, den Knoblauch und den Ingwer schälen und fein würfeln. Die Chilis längs aufschlitzen, entkernen, waschen und klein würfeln. Die äußeren harten Blätter vom Zitronengras entfernen und den unteren Teil in feine Ringe schneiden.

2 Das Öl im Wok erhitzen, die Zwiebeln, den Knoblauch, den Ingwer, die Chilis und das Zitronengras darin glasig dünsten. Die Currypaste und die gemahlenen Gewürze unterrühren. Die Linsen dazugeben. Die Brühe und die Kokosmilch angießen. Die Linsen zugedeckt ca. 8 Min. garen. Mit dem Koriander bestreut servieren.

Clever genießen

Zum Linsencurry schmeckt **Basmatireis** (Seite 45), aber auch kurz gebratenes Fleisch, beispielsweise **Schweineschnitzel.** Für 4 Portionen 4 Schweineschnitzel (je 150 g) in 2 EL Butter und 1 EL Öl bei starker Hitze von jeder Seite 4 Min. braten und mit Salz und Pfeffer würzen.

scharf Auberginencurry

(im Bild vorne)

Für 4 Personen:
750 g Auberginen
1 rote Paprikaschote
3 Frühlingszwiebeln
3 Knoblauchzehen
1 Stück frischer Ingwer (ca. 30 g)
je 2 frische rote und grüne Chilischoten
6–8 EL neutrales Pflanzenöl
1 Dose ungesüßte Kokosmilch (400 ml)
2 EL Reisessig
2 EL helle Sojasauce
1/2 TL Sambal manis
je 1 TL Kreuzkümmel-, Koriander-
*   und Kurkumapulver*
Salz | Pfeffer
2 EL frisch gehackter Koriander

Zubereitungszeit: ca. 25 Min.
Pro Portion: ca. 215 kcal

1 Die Auberginen waschen, putzen und in 1–2 cm große Stücke schneiden. Die Paprika waschen, vierteln, entkernen und in Streifen schneiden. Die Frühlingszwiebeln waschen, putzen und fein schneiden. Knoblauch und Ingwer schälen und klein würfeln. Die Chilis längs aufschlitzen, entkernen, waschen und in feine Streifen schneiden.

2 6 EL Öl im Wok erhitzen und den Knoblauch, den Ingwer und die Chilis kurz andünsten. Dann die Auberginen dazugeben und ca. 2 Min. braten. Bei Bedarf etwas Öl nachgießen. Alles am Rand hochschieben und die Paprika mit den Frühlingszwiebeln ca. 1 Min. braten.

3 Die Kokosmilch angießen, den Essig, die Sojasauce und das Sambal manis dazugeben und die restlichen Gewürze unterrühren. Alles ca. 2 Min. leise kochen lassen. Vor dem Servieren den Koriander darüber streuen.

exotisch **Süßkartoffel-Okra-Curry**

(im Bild rechts)

Für 4 Personen:
300 g Okraschoten
300 g Süßkartoffeln
1 Zwiebel (ca. 100 g)
2 Knoblauchzehen
2 EL neutrales Pflanzenöl
1 Dose ungesüßte Kokosmilch (400 ml)
1/2 TL Kurkumapulver
1 TL Kreuzkümmelpulver
1 TL Korianderpulver
1/4 TL Chilipulver
Salz | Pfeffer
50 g Mandelblättchen

Zubereitungszeit: ca. 30 Min.
Pro Portion: ca. 225 kcal

1 Die Okraschoten waschen, dabei den flaumigen Belag der Schoten abreiben **(Step 1)**. Die Schoten am Stielansatz wie einen Bleistift spitz zuschneiden **(Step 2)**, ohne dabei die Frucht zu verletzen. Die Süßkartoffeln waschen, schälen **(Step 3)** und in ca. 1 cm große Würfel schneiden. Die Zwiebel und den Knoblauch schälen und fein würfeln.

2 1 EL Öl im Wok erhitzen. Die Kartoffelwürfel ca. 2 Min. braten und am Rand hochschieben. Das restliche Öl dazugeben. Die Okraschoten, die Zwiebeln und den Knoblauch mit hineingeben und ca. 1 Min. braten, am Rand hochschieben.

3 Die Kokosmilch angießen und die Gewürze dazugeben. Alles einmal aufkochen lassen, dann alles zusammenrühren und mit Salz und Pfeffer abschmecken.

4 Die Mandelblätter ohne Fett goldgelb rösten und über das Curry streuen.

Tauschbörse
Wenn Sie Kurkuma, Kreuzkümmel, Koriander und Chili nicht vorrätig haben, würzen Sie einfach mit 1–2 TL **Currypulver.**

indisch inspiriert **Spargelcurry**

(im Bild links)

Für 2 Personen:
500 g grüner Spargel
1 Zwiebel | 1 Knoblauchzehe
1 Stück frischer Ingwer (ca. 20 g) | 2 Tomaten
3 EL neutrales Pflanzenöl
je 1/2 TL Kreuzkümmelpulver, Korianderpulver und edelsüßes Paprikapulver
je 1–2 Msp. Kurkumapulver und Chilipulver
300 ml ungesüßte Kokosmilch (aus der Dose)
Salz

Zubereitungszeit: ca. 40 Min.
Pro Portion: ca. 200 kcal

1 Den Spargel waschen, nur im unteren Drittel schälen und die Enden abschneiden. Die Zwiebel, den Knoblauch und den Ingwer schälen und klein würfeln. Die Tomaten waschen und in 2 cm große Stücke schneiden, dabei die Stielansätze entfernen.

2 Das Öl im Wok erhitzen und die Zwiebel darin goldbraun braten. Den Knoblauch und den Ingwer hineingeben und unter ständigem Rühren ca. 5 Min. braten. Alle gemahlenen Gewürze abmessen, mischen und 2–3 Min. mitbraten. Dann den Spargel unter ständigem Rühren ca. 3 Min. mitbraten.

3 Die Tomaten und die Kokosmilch dazugeben. Salzen und aufkochen lassen. Den Spargel zugedeckt bei schwacher Hitze 8–10 Min. leise kochen lassen, bis er weich ist. Nochmals die Sauce abschmecken und mit dem Spargel servieren.

fruchtig-pikant ## **Süß-scharfes Gemüse**

Für 4 Personen:
3 Möhren | 200 g Brokkoli | 2 Frühlingszwiebeln
1 Stück frischer Ingwer (ca. 30 g)
2 Knoblauchzehen | 1 frische rote Chilischote
100 g Blattspinat
4 Scheiben Ananas + 150 ml Saft
   (aus der Dose)
3 EL neutrales Pflanzenöl
150 ml Gemüsebrühe (Instant)
1 EL Mango-Chutney (Fertigprodukt)
2 EL Reisessig | 2 EL brauner Zucker
Salz | 1 EL weiße Sesamsamen

Zubereitungszeit: ca. 30 Min.
Pro Portion: ca. 220 kcal

1 Die Möhren und den Brokkoli waschen, Möhren putzen, schälen und in Stifte schneiden. Den Brokkoli in sehr kleine Röschen teilen. Die Früh-lingszwiebeln putzen, waschen, längs halbieren und schräg in 1–2 cm lange Stücke schneiden. Ingwer und Knoblauch schälen und fein würfeln. Die Chili längs aufschlitzen, entkernen, waschen und klein würfeln. Den Spinat waschen, verlesen und abtropfen lassen. Ananas abtropfen lassen, den Saft auffangen, Ananas in Stücke schneiden.

2 2 EL Öl im Wok erhitzen, Möhren und Brokkoli darin ca. 2 Min. braten. Das restliche Öl dazu-geben, Frühlingszwiebeln, Ingwer, Knoblauch und Chili darin ca. 1 Min. braten. Den Spinat 1 Min. mitbraten, bis er zusammengefallen ist.

3 Die Brühe und den Ananassaft angießen, das Mango-Chutney einrühren. Ananasstücke, Reis-essig und Zucker dazugeben, alles aufkochen lassen, salzen. Die Sesamsamen ohne Fett gold-gelb rösten und über das Gemüse streuen.

kalorienarm **Sauer-scharfes Gemüse**

Für 4 Personen:
500 g Brokkoli | Salz
10 Shiitake-Pilze
1 Stück frischer Ingwer (ca. 30 g)
1 frische rote Chilischote
150 g Bambussprossen in Streifen
  (aus dem Glas oder aus der Dose)
1 Ei | 2 EL neutrales Pflanzenöl
50 ml kräftige Gemüsebrühe (Instant)
1 EL helle Sojasauce
Salz | Pfeffer
1 EL Aceto balsamico
1 TL Speisestärke

Zubereitungszeit: ca. 35 Min.
Pro Portion: ca. 110 kcal

1 Den Brokkoli putzen, waschen und in Röschen teilen. In reichlich kochendem Salzwasser 2–3 Min. blanchieren, abgießen, eiskalt abschrecken und gut abtropfen lassen. Die Pilze trocken abreiben, putzen und vierteln. Den

Ingwer schälen und fein würfeln. Die Chili längs aufschlitzen, entkernen, waschen und ebenfalls klein würfeln. Die Bambussprossen abgießen. Das Ei mit 1 EL Wasser verquirlen.

2 1 EL Öl im Wok erhitzen, Brokkoli darin ca. 2 Min. braten und am Rand hochschieben. Das restliche Öl in den Wok geben, den Ingwer und die Chilischote darin ca. 1 Min. braten und ebenfalls hochschieben.

3 Die Gemüsebrühe und die Sojasauce angießen. Die Pilze und die Bambussprossen unterrühren, mit Salz, Pfeffer und dem Essig abschmecken. Alles ca. 5 Minuten leise kochen lassen.

4 Die Speisestärke mit 2 EL Wasser glatt rühren und unter das Gemüse rühren. Den Wok vom Herd nehmen, das Ei einrühren. Das Gemüse auf einer großen Platte anrichten und mit Basmatireis (Seite 45) servieren.

26

Beilage **Süßsaure Kartoffeln**

(im Bild vorne)

Für 4 Personen:
500 g kleine fest kochende Kartoffeln
Salz | 300 g Zucchini | 1 Zwiebel
2 Knoblauchzehen
100 g Blattspinat
200 g Ananasstücke + 150 ml Saft
  (aus der Dose)
1 EL neutrales Pflanzenöl
50 ml Gemüsebrühe
1 EL helle Sojasauce
2 EL Apfelessig
2 EL brauner Zucker
Minzeblätter zum Garnieren

Zubereitungszeit: ca. 35 Min.
Pro Portion: ca. 200 kcal

1 Die Kartoffeln waschen und in reichlich kochendem Salzwasser in 15–20 Min. weich
garen. Die Kartoffeln in ein Sieb abgießen,
etwas ausdämpfen lassen, pellen und in
ca. 2 cm große Würfel schneiden.

2 Inzwischen die Zucchini waschen, putzen
und in Würfel schneiden. Die Zwiebel und den
Knoblauch schälen und beides fein würfeln.
Den Spinat waschen, verlesen und abtropfen
lassen. Die Ananas abtropfen lassen, den Saft
dabei auffangen.

3 Das Öl im Wok erhitzen, die Zwiebel und den
Knoblauch darin glasig dünsten. Die Zucchini,
die Kartoffeln und den Spinat dazugeben und
2 Min. mitbraten. Mit den Ananasstücken, dem
Saft und der Gemüsebrühe ablöschen.

4 Die Sojasauce, den Apfelessig und den
Zucker unter das Gemüse rühren und alles
aufkochen lassen. Mit etwas Salz abschmecken.
Mit den Minzeblätter garnieren und mit
Basmatireis (Seite 45) servieren.

knusprig **Gemüsecurry mit Tofu**

(im Bild hinten)

Für 2 Personen:
200 g Tofu | 2 TL milde Currypaste (Asienladen)
100 ml Gemüsebrühe (Instant)
je 2 EL helle und dunkle Sojasauce
1–2 Möhren (ca. 100 g)
150 g Sojabohnensprossen | 1 Frühlingszwiebel
1/2 l neutrales Pflanzenöl zum Frittieren
1/2 TL Kurkumapulver

Zubereitungszeit: ca. 35 Min.
Marinierzeit: 2 Std.
Pro Portion: ca. 240 kcal

1 Den Tofu in ca. 1 cm große Würfel schneiden.
1 Msp. Currypaste mit 3 EL Gemüsebrühe und je
1 EL heller und dunkler Sojasauce verrühren.
Den Tofu darin im Kühlschrank zugedeckt 2 Std.
marinieren. Inzwischen die Möhren waschen,
putzen und in Stifte schneiden. Die Sprossen
waschen und abtropfen lassen. Frühlingszwiebel
putzen, waschen und in dünne Ringe schneiden.

2 Den Tofu abtropfen lassen. Das Öl im Wok
stark erhitzen. Es ist heiß genug, wenn an
einem hineingehaltenen Holzkochlöffelstiel
kleine Bläschen aufsteigen. Den Tofu darin portionsweise in 2 Min. frittieren, auf Küchenpapier abtropfen lassen.

3 Das Öl bis auf 1 EL abgießen, die Möhren
ca. 2 Min. darin pfannenrühren, an den Rand
schieben. 1 weiterer EL Öl in den Wok geben,
Sprossen und Frühlingszwiebeln ca. 1 Min.
pfannenrühren, auch an den Rand schieben.

4 Die restliche Brühe angießen, restliche Currypaste darin auflösen. Die restlichen Sojasaucen
und das Kurkumapulver einrühren, alles zusammenrühren und kurz aufkochen lassen.
Den Tofu dazugeben, kurz warm werden lassen.

blitzschnell **Rühreier mit Sojabohnensprossen**

Für 4 Personen:
200 g Sojabohnensprossen
1 Bund Schnittlauch
6 Eier
50 ml Milch
1 Msp. Sambal oelek
1 EL helle Sojasauce
Salz | Pfeffer
2 EL Butter

Zubereitungszeit: ca. 15 Min.
Pro Portion: ca. 205 kcal

1 Die Sojabohnensprossen waschen und in einem Sieb gut abtropfen lassen. Den Schnittlauch waschen, trockenschütteln und in feine Röllchen schneiden. 1 EL Schnittlauchröllchen beiseite stellen.

2 Die Eier mit der Milch in einer Schüssel verquirlen, mit dem Sambal oelek, der Sojasauce und Salz und Pfeffer würzen.

3 Die Butter im Wok zerlassen, die Sojabohnensprossen darin ca. 1 Min. braten. Die Eiermasse darüber gießen und unter ständigem Rühren stocken lassen. Eventuell nochmals mit Salz und Pfeffer abschmecken. Mit den restlichen Schnittlauchröllchen bestreut servieren.

Tauschbörse
Keine frischen Sojabohnensprossen bekommen? Dann bereiten Sie die Rühreier einfach mit **getrockneten Steinpilzen** zu. 6 getrocknete Steinpilze in heißem Wasser ca. 10 Min. einweichen. Die Pilze abtropfen lassen, klein würfeln und mit der Milch unter die Eier rühren.

feine Suppeneinlage **Gebackener Blumenkohl**

Für 4 Personen:
Für den Teig:
100 g Mehl
50 g Speisestärke
1/4 Päckchen Trockenhefe (ca. 3 g)
Salz / Zucker
Außerdem:
400 g Blumenkohl
1 l neutrales Pflanzenöl zum Frittieren

Zubereitungszeit: ca. 30 Min.
Ruhezeit: 1 Std.
Pro Portion: ca. 230 kcal

1 Für den Teig Mehl, Speisestärke, Trockenhefe, je 1 Prise Salz und Zucker in eine Schüssel geben und mit ca. 130 ml lauwarmem Wasser mit den Quirlen des elektrischen Handrührgeräts zu einem glatten Teig verrühren. Den Teig 1 Std. zugedeckt gehen lassen.

2 Inzwischen den Blumenkohl putzen, in Röschen zerteilen und waschen. In reichlich kochendem Salzwasser ca. 2 Min. blanchieren, abgießen und eiskalt abschrecken.

3 Das Öl im Wok erhitzen. Es ist heiß genug, wenn an einem hineingehaltenen Holzkochlöffelstiel kleine Bläschen aufsteigen. Den Blumenkohl durch den Teig ziehen und in dem heißen Öl goldgelb ausbacken. In einer kräftigen Brühe servieren.

Besonders *clever!*

Falls Teig übrigbleibt, können Sie damit auch **Backspätzle** *herstellen. Teig dafür einfach durch ein Spätzleblech ins heiße Fett streichen.*

Gemüse-Tempura mit Dip

Für 4 Personen:
Für den Teig:
150 g Tempuramehl
Salz
Für den Dip:
1 Knoblauchzehe
1 EL Erdnussöl
1/2 EL Zucker
4 EL helle Sojasauce
1 TL Speisestärke
Für das Gemüse:
100 g Buschbohnen
100 g Blumenkohl
200 g frische Shiitake-Pilze
3 Möhren
1 kleiner Zucchino (ca. 150 g)
1 l neutrales Pflanzenöl zum Frittieren
3 EL Mehl

Zubereitungszeit: ca. 45 Min.
Pro Portion: ca. 370 kcal

1 Für den Teig das Tempuramehl mit ca. 300 ml Wasser und 1 Prise Salz zu einem glatten Teig verrühren.

2 Für den Dip den Knoblauch schälen und fein würfeln. Das Öl in einem kleinen Topf mit hohem Rand erhitzen, den Knoblauch darin kurz anbraten. Den Zucker dazugeben und schmelzen lassen. 4–5 EL Wasser und die Sojasauce angießen und alles 2 Min. leise kochen lassen. Die Speisestärke mit 1 EL Wasser glatt rühren und einrühren. Vom Herd nehmen und auskühlen lassen.

3 Die Bohnen waschen und putzen. Den Blumenkohl waschen und in Röschen zerteilen. Mit den Bohnen in reichlich kochendem Salzwasser ca. 3 Min. blanchieren, abgießen und eiskalt abschrecken.

4 Die Pilze trocken abreiben und putzen. Die Möhren und den Zucchino waschen und putzen. Möhren schälen und mit dem Zucchino in ca. 8 cm lange Stifte schneiden.

5 Das Öl im Wok erhitzen. Es ist heiß genug, wenn an einem hineingehaltenen Holzkochlöffelstiel kleine Bläschen aufsteigen. Das Gemüse portionsweise in dem Mehl wenden, durch den Backteig ziehen und im heißen Fett goldgelb ausbacken. Auf Küchenpapier abtropfen lassen und warm halten.

6 Das fertige Gemüse auf einer großen Platte anrichten. Den Dip in vier kleine Schälchen füllen und dazu servieren.

Tauschbörse

Nach Belieben können Sie natürlich auch andere **Gemüsesorten** oder **Pilze** mit Tempurateig umhüllen und knusprig frittieren. Statt Blumenkohl eignen sich z. B. **Brokkoli** oder **Romanesco**. Diese wie den Blumenkohl in Röschen teilen, vor dem Ausbacken in reichlich kochendem Salzwasser blanchieren und gründlich abtropfen lassen.

Dipvariante

Das ausgebackene Gemüse können Sie auch einmal mit einem **kräuterwürzigen Joghurtdip** servieren. Für 4 Portionen 1/2 Bund Koriandergrün und 1 Bund Basilikum waschen und trockenschütteln, Blättchen abzupfen. 1 frische grüne Chilischote längs aufschlitzen und entkernen, die Schote grob zerkleinern. 1 Stück frischen Ingwer (ca. 30 g) schälen und würfeln. Die Koriander- und Basilikumblättchen, die Chilischote und den Ingwer mit 300 g stichfestem Joghurt im elektrischen Mixer oder mit dem Pürierstab fein pürieren. Mit Salz und 1 TL Korianderpulver abschmecken.

Wok vegetarisch *mit Gemüse*

32

Vegetarische Frühlingsrollen

Für 4 Personen:
8 TK-Teigblätter für Frühlingsrollen
20 g getrocknete Mu-Err-Pilze
1 kleine Möhre
100 g Brokkoli
100 g Sojabohnensprossen
1 Frühlingszwiebel
2 EL Erdnussöl
100 ml Gemüsebrühe (Instant)
1 EL dunkle Sojasauce
4 EL Austernsauce
1 Msp. Sambal oelek
1 TL Speisestärke
1 Eiweiß zum Bestreichen
1 l neutrales Pflanzenöl zum Frittieren
helle Sojasauce zum Dippen

Zubereitungszeit: ca. 40 Min. (+ Auftauzeit)
Pro Portion: ca. 270 kcal

1 Die Frühlingsrollenblätter ca. 1 Std. vorher in der Packung auftauen lassen. Die Pilze in 1 l Wasser ca. 30 Min. einweichen, danach abtropfen lassen.

2 Die Möhre waschen, putzen, schälen und in Stifte schneiden. Den Brokkoli waschen, putzen und in sehr kleine Röschen teilen. Die Sprossen waschen. Die Frühlingszwiebel putzen, waschen und in Ringe schneiden.

3 1 EL Öl im Wok erhitzen, die Möhre und den Brokkoli darin ca. 2 Min. braten, dann am Rand hochschieben. Das restliche Öl in den Wok geben, die Sojabohnensprossen und die Frühlingszwiebel darin ca. 1 Min. braten. Ebenfalls am Rand hochschieben.

4 Die Bratrückstände mit 1 EL Gemüsebrühe lösen und die Pilze hineingeben. Dann die Sojasauce, die Austernsauce und das Sambal oelek einrühren. Alles zusammenrühren und einmal aufkochen lassen. Die Speisestärke mit 2 EL Wasser glatt rühren und einrühren.

5 Von den Frühlingsrollenblättern immer 2 Stück auf einmal abziehen, so dass sie noch zusammenkleben. (So können sie beim Frittieren nicht so leicht brechen.) Jeweils ca. 2 EL von der Füllung diagonal in die Mitte der Teigstücke geben, am Rand jeweils 3 cm Abstand lassen **(Step 1)**. Nun die kurzen Spitzen zuerst über die Füllung klappen **(Step 2)**, dann eine lange Spitze darüber klappen **(Step 3)** und von dieser Seite her aufrollen. Die Enden mit 1 EL Wasser oder Eiweiß bestreichen.

6 Das Öl zum Frittieren im Wok erhitzen. Es ist heiß genug, wenn an einem hineingehaltenen Holzkochlöffelstiel kleine Bläschen aufsteigen.

7 Die Frühlingsrollen im heißen Öl portionsweise knusprig ausbacken. Auf Küchenpapier abtropfen lassen und warm halten. Mit heller Sojasauce zum Dippen servieren.

Tauschbörse

Wenn Sie die Frühlingsrollen nicht rein vegetarisch wollen, können Sie auch frisches **Hackfleisch, Hähnchenfleisch** oder **Krabben** unter die Füllung geben.

Besonders *clever!*

*Sie können die Blätter der Frühlingsrollen wieder **einfrieren**. Oder Sie machen gut die doppelte Menge der Füllung und frieren dann die vorgefertigten Frühlingsrollen ein. Die Rollen vor dem Frittieren unbedingt auftauen lassen!*

34

macht was her **Shiitake-Pilze in Austernsauce**

(im Bild vorne)

Für 2 Personen:
1 EL neutrales Pflanzenöl
500 g Shiitake Pilze
1 Stück frischer Ingwer (ca. 30 g)
3 Knoblauchzehen
1 rote Zwiebel
3 Frühlingszwiebeln
150 ml Gemüsebrühe (Instant)
5 EL Austernsauce
2 EL helle Sojasauce
Salz | Pfeffer
1 EL Schnittlauchröllchen zum Garnieren

Zubereitungszeit: ca. 30 Min.
Pro Portion: ca. 155 kcal

1 Die Pilze trocken abreiben und die trockenen Stielanschnitte entfernen. Ingwer, Knoblauch und die Zwiebel schälen und in feine Würfel schneiden. Die Frühlingszwiebeln putzen, waschen und in ca. 1 cm lange Stücke schneiden.

2 Den Wok erhitzen und das Öl dazugeben. Den Ingwer den Knoblauch, die Zwiebeln und die Frühlingszwiebeln darin 1–2 Min. braten.

3 Die Pilze dazugeben und 2–3 Min. mitbraten. Die Gemüsebrühe angießen, Austernsauce und Sojasauce dazugeben und alles kurz aufkochen lassen. Mit Salz und Pfeffer abschmecken und in ca. 5 Min. leise einkochen lassen. Mit dem Schnittlauch bestreut servieren.

Stylingtipp

Die Shiitake-Pilze kommen mit **Brokkoliröschen** angerichtet auch optisch groß heraus. 200 g Brokkoliröschen waschen, 2 Min. blanchieren, abgießen und eiskalt abschrecken. Die fertigen Shiitake auf einer Platte anrichten, die Brokkoliröschen drumherum verteilen.

ganz einfach **Gemüse-Austernpilz-Wok**

(im Bild hinten)

Für 2 Personen:
150 g Blattspinat
2 Frühlingszwiebeln
1 Gemüsezwiebel (ca. 200 g)
250 g Austernpilze
2 EL Erdnussöl
100 ml ungesüßte Kokosmilch (aus der Dose)
100 ml Gemüsebrühe (Instant)
5–6 EL Austernsauce
1 Msp. Sambal oelek
1/4 TL Fünf-Gewürz-Pulver
Salz

Zubereitungszeit: ca. 35 Min.
Pro Portion: ca. 220 kcal

1 Den Spinat waschen, verlesen und abtropfen lassen. Die Frühlingszwiebeln putzen, waschen und in Ringe schneiden. Die Gemüsezwiebel schälen und in ca. 2 cm große Stücke schneiden. Die Austernpilze von den harten Stielansätzen befreien und in Streifen schneiden.

2 Den Wok erhitzen und 1 EL Erdnussöl dazugeben. Die Frühlingszwiebeln und die Gemüsezwiebel darin ca. 1 Min. braten, am Rand hochschieben. Das restliche Öl in den Wok geben, die Austernpilze und den Spinat ca. 2 Min. darin braten, zur Seite schieben.

3 Die Kokosmilch und die Gemüsebrühe angießen, alles zusammenrühren und ca. 4 Min. leise kochen lassen. Mit der Austernsauce, dem Sambal oelek, dem Fünf-Gewürz-Pulver und Salz würzen. Nochmals kurz aufkochen lassen und mit Basmatireis (Seite 45) servieren.

süß-scharf Tofu in fruchtiger Sauce

Für 4 Personen:
400 g Tofu | 1 rote Paprikaschote
4 Knoblauchzehen
2 kleine frische rote Chilischoten
250 g Chinakohl | 100 g Cocktailtomaten
1/2 Salatgurke (ca. 200 g) | 1 Mango
5 EL helle Sojasauce
2 EL Reiswein (ersatzweise Sherry)
1 EL Reisessig | 1 EL Speisestärke
3 EL brauner Zucker
je 1/2 TL Kurkuma-, Koriander- und
**   Kreuzkümmelpulver**
1 l neutrales Pflanzenöl zum Frittieren | Salz

Zubereitungszeit: ca. 50 Min.
Pro Portion: ca.: 300 kcal

1 Den Tofu würfeln. Die Paprika waschen, putzen und würfeln. Knoblauch schälen und fein hacken. Chilis längs aufschlitzen, entkernen und würfeln. Den Kohl waschen und streifig schneiden. Tomaten waschen und halbieren. Die Gurke schälen, längs halbieren, entkernen, in Scheibchen schneiden. Die Mango schälen, Fruchtfleisch in Spalten vom Stein schneiden, würfeln.

2 Für die Würzsauce Sojasauce, Reiswein und -essig mit der Stärke glatt rühren, 100 ml Wasser angießen, Zucker und Gewürze einrühren.

3 Das Öl im Wok erhitzen. Den Tofu darin portionsweise goldgelb frittieren und herausnehmen. Öl bis auf einen dünnen Film abgießen. Paprika, Knoblauch und Chilis im Wok 3 Min. pfannenrühren. Kohl dazugeben, 1 Min. weiterrühren. Mit der Sauce ablöschen. Tomaten, Gurke und Mango untermischen, 3 Min. kochen lassen. Den Tofu dazugeben, salzen.

Tofu mit Gemüse

Für 4 Personen:
150 g Tofu
1/2–1 TL milde Currypaste (Asienladen)
gut 100 ml Gemüsebrühe (Instant)
1 EL Reisessig (oder Apfelessig)
je 1 EL helle und dunkle Sojasauce
200 g Mini-Maiskölbchen (aus dem Glas)
1 rote Paprikaschote
1 Frühlingszwiebel
150 g Chinakohl
150 g Sojabohnensprossen
2 EL Erdnussöl | 1 TL Sesamsamen
1/2 TL Kurkumapulver | Salz

Zubereitungszeit: ca. 40 Min.
Marinierzeit: 2 Std.
Pro Portion: ca. 180 kcal

1 Den Tofu in Würfel schneiden. Nach Belieben 1/2–1 TL Currypaste mit 3 EL Gemüsebrühe, dem Essig und den Sojasaucen verrühren. Den Tofu unterheben, 2 Std. im Kühlschrank marinieren.

2 Die Maiskölbchen in einem Sieb gründlich abtropfen lassen. Die Paprika waschen, putzen und in Streifen schneiden. Die Frühlingszwiebel putzen, waschen und in Scheiben schneiden. Den Chinakohl waschen und in ca. 1 cm dicke Streifen schneiden. Die Sojabohnensprossen waschen und gründlich abtropfen lassen.

3 1 EL Öl im Wok erhitzen, die Maiskölbchen, Paprika und Frühlingszwiebeln 1–2 Min. darin braten und am Rand hochschieben.

4 Das restliche Öl in den Wok geben, den Chinakohl und die Sojabohnensprossen ca. 1 Min. darin braten und ebenfalls nach oben schieben.

5 Die Sesamsamen im Wok ohne Öl kurz rösten, den Tofu mit der Marinade dazugeben. Die Gemüsebrühe angießen, alles kurz aufkochen lassen und zusammenrühren. Das Gericht mit Kurkuma und eventuell Salz abschmecken und mit Glasnudeln servieren.

für den Dämpfeinsatz **Gefüllte**
Paprika mit Tofu

(im Bild hinten)

Für 4 Personen:
4 große grüne Paprikaschoten
2–3 Möhren (ca. 150 g)
1/2 Bund glatte Petersilie
1 Zwiebel (ca. 100 g)
2 Knoblauchzehen
250 g Tofu / 1 Ei
125 g gekochter Basmatireis
   (aus 50 g Reis, siehe Seite 45)
1 Msp. Sambal oelek
2 EL helle Sojasauce
Salz / Pfeffer
200 ml Gemüsebrühe (Instant)

Zubereitungszeit: ca. 50 Min.
   (ohne Reis kochen)
Pro Portion: ca. 245 kcal

1 Die Paprika waschen. Jeweils einen Deckel abschneiden und vorsichtig Kerne und Trennwände entfernen.

2 Die Möhren waschen, putzen, schälen und sehr klein würfeln. Die Petersilie waschen, trockenschütteln und sehr fein hacken. Die Zwiebel und den Knoblauch schälen und ebenfalls sehr fein hacken. Den Tofu sehr klein würfeln.

3 Den Tofu, die Möhren, die Petersilie, die Zwiebel und den Knoblauch mit dem Ei und dem gekochten Reis verkneten, mit dem Sambal oelek, der Sojasauce, Salz und Pfeffer würzen. Die Paprikaschoten mit der Masse füllen, den Deckel aufsetzen.

4 Die Paprikaschoten in einen Dämpfeinsatz geben. Die Gemüsebrühe im Wok aufkochen lassen. Den Einsatz mit den Paprikaschoten hineinstellen, die Paprika zugedeckt bei mittlerer Hitze 20–25 Min. dämpfen. Zum Servieren

jeweils etwas Gemüsebrühe auf vier Teller verteilen und die Paprikaschoten darauf anrichten.

Tauschbörse
Sie können natürlich auch **andere Gemüsesorten,** wie z. B. Tomaten oder Kohlrabi, damit füllen.

pikant **Curry-Tofu**
mit Bambussprossen

(im Bild vorne)

Für 2 Personen:
500 g Tofu
1 1/2 TL Currypaste
   (am besten Nam-Ya Currypaste, Asienladen)
4 EL helle Sojasauce
250 g Bambussprossen in Streifen
   (aus dem Glas oder aus der Dose)
1 Dose ungesüßte Kokosmilch (400 ml)
100 ml Gemüsebrühe (Instant)
1/2 TL Kurkumapulver
1 TL Speisestärke
1 EL frisch gehackter Koriander

Zubereitungszeit: ca. 30 Min.
Marinierzeit: 2 Std.
Pro Portion: ca. 290 kcal

1 Den Tofu in ca. 1 cm große Würfel schneiden. 1/2 TL Currypaste mit 2 EL Sojasauce in einer Schüssel verrühren, den Tofu dazugeben und ca. 2 Std. im Kühlschrank marinieren. Die Bambussprossen abtropfen lassen.

2 Die Kokosmilch und die Gemüsebrühe im Wok erhitzen. Die restliche Currypaste und Sojasauce mit dem Kurkumapulver einrühren. Den Tofu und die Bambussprossen dazugeben und alles ca. 2 Min. leise kochen lassen.

3 Die Speisestärke mit 2 EL Wasser glatt rühren und vorsichtig in die kochende Flüssigkeit einrühren. Mit dem Koriander bestreut servieren.

macht was her **Pfannkuchen mit Früchten**

(im Bild vorne)

Für 4 Personen:
Für den Teig:
150 g Mehl | 2 Eier | 1 EL Zucker
Für die Füllung:
2 unbehandelte Orangen | 1 große Banane
Saft von einer 1/2 Zitrone
100 g Butter | 1 EL Zucker
je 2 EL Rum und Orangenlikör
Puderzucker zum Bestäuben

Zubereitungszeit: ca. 30 Min.
Pro Portion: ca. 480 kcal

1 Mehl, Eier und Zucker mit 100 ml Wasser glatt verrühren. Der Teig muss flüssig von einem Löffel laufen **(Step 1)**. Teig ca. 10 Min. quellen lassen.

2 Inzwischen 1 Orange heiß waschen, abtrocknen und mit einem Zestenreißer in feinen Streifen abschälen. Die Orange dann so schälen, dass auch die weiße Haut entfernt wird. Filets zwischen den Häutchen mit einem Messer herausschneiden. Zweite Orange auspressen. Die Banane schälen, längs halbieren und quer in ca. 3 cm dicke Stücke schneiden. Sofort mit etwas Zitronensaft beträufeln. 2 EL Butter im Wok schmelzen, die Orangenfilets und Bananenstücke kurz darin anbraten, herausnehmen und in eine Schüssel geben.

3 2 weitere EL Butter im Wok schmelzen. Die Orangenschale mit dem Zucker darin braten, bis der Zucker geschmolzen ist. Den Orangen- und restlichen Zitronensaft dazugießen und aufkochen lassen. Rum und Orangenlikör dazugeben und etwas einkochen. Über die Früchte geben.

4 Den Wok reinigen und 1 TL Butter darin schmelzen. Mit einem Schöpflöffel ein Viertel des Teiges in den Wok geben und durch Schwen-

ken gleichmäßig verteilen **(Step 2)**. Den Pfannkuchen einmal wenden **(Step 3)** und auf beiden Seiten goldgelb ausbacken. Auf diese Weise drei weitere Pfannkuchen backen. Die fertigen Pfannkuchen im Backofen warm halten.

5 Pfannkuchen auf Teller legen, in die Mitte die Früchte geben. Pfannkuchen zusammenschlagen und mit Puderzucker bestäubt servieren.

Klassiker **Gebackene Bananen**

(im Bild hinten)

Für 4 Personen:
Für den Teig:
100 g Mehl | 50 g Speisestärke
ca. 130 ml lauwarmes Wasser
1/4 Päckchen Trockenhefe (ca. 3 g)
je 1 Prise Salz und Zucker
Außerdem:
2 große Bananen | 1–2 TL Zitronensaft
1 l neutrales Pflanzenöl zum Frittieren
2 EL Honig

Zubereitungszeit: ca. 20 Min.
Ruhezeit: 1 Std.
Pro Portion: ca. 270 kcal

1 Für den Teig das Mehl, die Speisestärke und die Hefe mit je 1 Prise Salz und Zucker in eine Schüssel geben und mit ca. 130 ml lauwarmem Wasser zu einem glatten Teig verrühren. Zugedeckt 1 Std. gehen lassen.

2 Bananen schälen, in je 4 Stücke schneiden und sofort mit etwas Zitronensaft beträufeln.

3 Das Öl zum Frittieren im Wok erhitzen. Die Bananen durch den Backteig ziehen und portionsweise im heißen Öl goldgelb ausbacken. Abtropfen lassen und warm halten. Die gebackenen Bananen mit dem Honig beträufeln und servieren. Dazu passt Vanilleeis.

Mehr als nur feine Beilagen

Reis ist seit Jahrtausenden Hauptnahrungsmittel in Asien und wird dort auf rund 25 Prozent des Ackerlandes angebaut. Reis wird meist solo als Beilage serviert – in der asiatischen Küche auch gern zu Nudel- und Kartoffelgerichten –, manchmal auch mit anderen Zutaten im Wok gebraten. Nudeln vermischt man dagegen fast immer vor dem Servieren mit den anderen Zutaten. Sie kommen gebraten, gedämpft oder als Suppeneinlage auf den Tisch. Reis und Nudeln sind ausgezeichnete Energielieferanten und wunderbar geeignet, die feinen asiatischen Saucen aufzunehmen.

Reis – das Lebensmittel Nr. 1

Reis ist fettarm, hat viele Ballaststoffe, liefert Vitamin A und B und ist reich an pflanzlichem Eiweiß. Reis immer an einem trockenen Platz, am besten in dicht schließenden Gläsern aufbewahren, dann ist er viele Monate haltbar. Im Asienladen und auch in vielen Supermärkten finden Sie diese asiatischen Reissorten:

Langkornreis ist bei uns besonders beliebt. Sie bekommen ihn in großer Auswahl in jedem Supermarkt. Er wird in Südostasien angebaut und eignet sich gut als Beilage. Langkornreis wird häufig als Parboiledreis angeboten. Das ist geschälter Reis, der einem speziellen Verfahren unterzogen wurde, so dass die wichtigen Nährstoffe im Reiskorn enthalten bleiben. Probieren Sie auch ungeschälten Naturreis. Die Körnchen sind noch von der Schale umhüllt, in der wertvolle Vitamine und Ballaststoffe stecken. Naturreis braucht eine längere Garzeit.

Basmatireis wird auch Duftreis genannt. Er wächst in den Höhenlagen des Himalaja und ist der feinste Reis unter den Langkorn-Sorten, deshalb nicht ganz preiswert. Basmati-Reis passt ausgezeichnet zur asiatischen Küche. Wie man ihn zubereitet, lesen Sie auf Seite 45.

Thailändischer Duftreis kann ebenso wie Basmatireis verwendet werden. Er gehört ebenfalls zu den Langkorn-Sorten und wird auch unter der Bezeichnung Jasminreis gehandelt.

Klebreis wird auch als Ketanreis oder Sushireis angeboten. Der Rundkornreis enthält mehr Stärke, pflanzliches Fett und Zucker.

Nudeln – auch in Asien beliebt

Die wichtigste Beilage nach dem Reis sind die Nudeln. Alle Sorten können Sie in ganz unterschiedlichen Stärken und Längen kaufen, hier zu Lande nicht nur im Asienladen, sondern mittlerweile auch in größeren Supermärkten. Dem Nudelteig ist manchmal bereits eine Zutat beigemischt, z. B. gemahlene Chilis oder Garnelen. Die Nudeln erhalten dadurch mehr Aroma und eine rote Farbe. Wie bei europäischen Teigwaren sollten Sie auch bei asiatischen Nudeln die Packungsangaben beachten. Die Zubereitung eines Produkts kann von Hersteller zu Hersteller verschieden sein. Hier die wichtigsten Nudelspezialitäten:

Chinesische Weizennudeln heißen auch **Mie-Nudeln** und werden aus hellem Weizenmehl hergestellt. Vorgegarte Instant-Produkte sind besonders schnell gar.

Chinesische Eiernudeln bestehen aus Weizenmehl und Ei. Auch sie sind manchmal bereits vorgegart und sehen – wie auch vorgegarte Weizennudeln – oft gelockt aus.

Glasnudeln sind feine Nudeln aus der Stärke von Süßkartoffeln, Kartoffeln, Pfeilwurz oder Sojabohnen. Sie sollten je nach Rezept eingeweicht oder mit Wasser überbrüht werden. Glasnudeln können Sie auch gut frittieren. Da sie nach dem Ölbad sehr voluminös und schneeweiß werden, sind sie eine tolle Deko.

Reisnudeln werden aus Reismehl gefertigt. Wenn Sie keine bekommen können, verwenden Sie Nudeln aus Weizenmehl als Ersatz.

44

Grundrezept **Basmatireis**

Für 4 Personen:
200 g Basmatireis
1 EL neutrales Pflanzenöl
Salz

Zubereitungszeit: ca. 50 Min.
Pro Portion: ca. 190 kcal

1 Den Reis in ein Sieb geben und unter fließend kaltem Wasser kurz abspülen **(Step 1)**.

2 Das Öl in einem mittelgroßen Topf erhitzen, den Reis dazugeben und unter ständigem Rühren glasig braten **(Step 2)**.

3 400 ml Wasser dazugießen und 1/2 TL Salz dazugeben. Zugedeckt ca. 10 Min. leise kochen lassen, bis das Wasser aufgesogen ist.

4 Den Herd abschalten, den Reis durchrühren **(Step 3)** und 20 Min. zugedeckt auf der warmen Herdplatte stehen lassen.

Clever genießen

200 g Reis ergeben ca. 500 g gekochten Reis. Wenn Sie den **Reis zum Braten** verwenden, darf er nicht frisch gekocht sein, da die Körner zu feucht sind. Darum den Reis nach dem Ausquellen entweder mindestens **2 Std. offen trocknen lassen** oder am besten schon am Vortag zubereiten. Wenn Sie **Reis als Beilage** servieren, kochen Sie gleich die doppelte Menge. Im Kühlschrank hält sich gekochter Reis problemlos 3–4 Tage, und Sie haben die beste Grundlage für spontanes Reisbraten.
So schmecken **Reisreste wie frisch gekocht**: Reis in einem Topf bei starker Hitze kurz heiß werden lassen und mit ca. 100 ml kochendem Wasser übergießen. Den Topfdeckel in ein sauberes Küchentuch einschlagen und sofort fest auf den Topf setzen. Den Reis bei kleinster Hitze 10 Min. dämpfen.

Besonders *clever!*

Reis ist die passende Beilage für viele der Rezepte in diesem Buch. Und schmeckt pur ebenso gut wie aufgepeppt. Hier einige Ideen, wie aus ein und derselben Sache immer wieder etwas ganz Neues wird:

Fruchtiger Kokosreis

50 g Kokosflocken mit 1 EL Zucker vermischen. Mit 200 g frischer Ananas in kleinen Stücken unter den fertigen Reis rühren.

Milder Kokosreis

Für 4 Portionen 300 g Basmatireis in 1–2 EL neutralem Öl bei mittlerer Hitze unter ständigem Rühren glasig braten. Je 1/4 l Wasser und ungesüßte Kokosmilch (aus der Dose) dazugießen, 2 Kaffir-Limettenblätter und 1/2 TL Salz dazugeben. Zugedeckt ca. 10 Min. leise kochen lassen, bis die Flüssigkeit aufgesogen ist. Den Herd abschalten, den Reis durchrühren und 20 Min. zugedeckt auf der warmen Herdplatte stehen lassen. 2 EL Kokosraspel ohne Fett rösten, auf den Reis streuen.

Gelber Reis

1 Zwiebel schälen. 1 frische rote Chili längs aufschlitzen, entkernen und waschen. 2 EL Öl in einem Topf erhitzen, die ganze Zwiebel, die Chili, 1 Stück unbehandelte Zitronenschale, 1 TL Kurkumapulver und 200 g Langkornreis darin bei mittlerer Hitze unter Rühren braten, bis der Reis gleichmäßig gelb gefärbt ist. Je 200 ml ungesüßte Kokosmilch (aus der Dose) und Wasser dazugießen und zugedeckt ca. 10 Min. leise kochen lassen, bis die Flüssigkeit aufgesogen ist. Den Herd abschalten, Reis durchrühren und 20 Min. zugedeckt auf der warmen Herdplatte stehen lassen. Zwiebel, Chili und Zitronenschale entfernen.

46

vegetarisch **Gebratener Eierreis**

Für 4 Personen:
100 g grüne Bohnen
Salz
1/2 rote Paprikaschote
200 g Sojabohnensprossen
1 Frühlingszwiebel
2 Eier (Größe M)
1 EL helle Sojasauce
1–2 Msp. Sambal oelek
3 EL neutrales Pflanzenöl
500 g gekochter Reis vom Vortag
   (aus 200 g Basmatireis, siehe Seite 45)
1 TL Kurkumapulver
Pfeffer

Zubereitungszeit: ca. 40 Min.
(ohne Reis kochen)
Pro Portion: ca. 280 kcal

1 Die Bohnen waschen und putzen. In reichlich kochendem Salzwasser ca. 3–4 Min. blanchieren. Abgießen, eiskalt abschrecken und abtropfen lassen. Die Bohnen in ca. 3 cm lange Stücke schneiden.

2 Die Paprika waschen, vierteln, entkernen und in dünne Streifen schneiden. Die Sojabohnensprossen waschen und abtropfen lassen. Die Frühlingszwiebel putzen, waschen und in feine Ringe schneiden. Die Eier mit der Sojasauce, dem Sambal oelek und 1 Prise Salz verquirlen.

3 1 EL Öl im Wok erhitzen, die Paprika, die Sojabohnensprossen, die Frühlingszwiebeln und die Bohnen ca. 2 Min. darin braten und am Rand hoch schieben.

4 1 weiterer EL Öl im Wok erhitzen, die Eimasse hineingeben und unter Rühren stocken lassen. Ebenfalls an den Rand schieben.

5 Das restliche Öl im Wok erhitzen, den gekochten Reis 1–2 Min. darin braten. Alles zusammenrühren und mit dem Kurkuma, Salz und Pfeffer abschmecken.

Variante mit Fleisch

Wer's ohne Fleisch nicht mag, brät **Eierreis mit Schinken.** Für 4 Portionen den Basmatireis wie auf Seite 45 beschrieben garen und trocknen lassen, die Eier mit den Gewürzen wie oben beschrieben verquirlen. 150 g Möhren waschen, putzen, schälen und in Stifte schneiden. 1 Frühlingszwiebel putzen, waschen und in Ringe schneiden. 200 g Sojabohnensprossen waschen und abtropfen lassen. 1 Bund glatte Petersilie waschen, trockenschütteln und fein hacken. 200 g gekochten Schinken klein würfeln. 1 EL Öl im Wok erhitzen, die Möhren darin 2 Min. braten, an den Rand schieben. Die Frühlingszwiebeln und die Sprossen in 1 weiterer EL Öl anbraten, ebenfalls an den Rand schieben. Wieder 1 EL Öl im Wok erhitzen, den Schinken darin kurz anbraten und hochschieben. Die Eiermasse in den Wok geben, unter Rühren stocken lassen und hochschieben. Dann den Reis in 1 EL Öl im Wok 1–2 Min. braten. Alles zusammenrühren, wie oben beschrieben mit Sambal oelek, Kurkumapulver und Salz würzen und mit Petersilie bestreut servieren.

48

Reisteigrollen

Für 4 Personen:
200 g Klebreis
Salz
1–2 Möhren (ca. 100 g)
1 kleiner Zucchino (ca. 100 g)
1/2 Stange Lauch
2 EL neutrales Pflanzenöl
8 Reisteigblätter (Asienladen)
8 TL Austernsauce
helle Sojasauce zum Dippen

Zubereitungszeit: ca. 40 Min.
Pro Portion: ca. 280 kcal

1 Den Klebreis mit 350 ml Wasser und 1/2 TL Salz in einem hohen Topf zum Kochen bringen. Zugedeckt bei niedriger Temperatur ca. 10 Minuten leise kochen lassen, bis das Wasser aufgesogen ist. Den Herd abschalten, den Reis einmal durchrühren und zugedeckt ca. 20 Min. auf der warmen Herdplatte ausdämpfen lassen. Danach offen etwas auskühlen lassen.

2 Inzwischen Möhren und Zucchino putzen und waschen. Die Möhren schälen und mit dem Zucchino in dünne, ca. 5 cm lange Stifte schneiden. Den Lauch putzen, in ca. 5 cm lange Stücke schneiden, längs aufschlitzen, aufklappen und waschen.

3 1 EL Öl im Wok erhitzen, die Möhrenstifte ca. 2 Min. darin braten und herausnehmen. Dann die Zucchinostifte ca. 1 Min. im Wok braten und ebenfalls herausnehmen.

4 Die Reisteigblätter einzeln in lauwarmem Wasser einweichen, nach ca. 2 Min. aus dem Wasser nehmen und mit Küchenpapier vorsichtig trockentupfen.

5 Jeweils 1 Stück Lauch in die Mitte eines Reispapierblattes legen. Ca. 1 EL Klebreis auf dem Lauchblatt verteilen und flach drücken. Darauf je 1–2 Streifen Möhren und Zucchini legen. Je 1 TL Austernsauce darauf verteilen. Nochmals 1 EL Klebreis darüber geben und flach drücken **(Step 1)**, darauf 1 weiteres Lauchblatt legen. Die Seiten des Reisteigblattes über die Füllung klappen **(Step 2)**, zusammenrollen **(Step 3)**. Rollen etwas trocknen lassen.

6 Im Wok oder in einer Pfanne 1 EL Öl erhitzen. Die Rollen darin eventuell portionsweise von allen Seiten in ca. 5 Min. goldgelb braten. Auf Küchenpapier abtropfen lassen und warm halten. Mit heller Sojasauce zum Dippen servieren.

Dipvariante

Wem helle Sojasauce als Dip zu simpel ist, kann zu den Reisteigrollen zusätzlich auch eine **thailändische Chilisauce mit Koriander** servieren. Für 4 Portionen 4 frische grüne oder rote Chilischoten waschen, die Stiele entfernen und die Schoten im Mörser zerstoßen oder in feine Ringe schneiden. 2 Knoblauchzehen schälen und fein hacken. Die Chilischoten und den Knoblauch mit 3 EL Fischsauce und 2 EL frisch gepresstem Limettensaft verrühren. 1 Schalotte schälen und in sehr feine Scheiben schneiden. 1–2 Stängel frischen Koriander waschen und trockenschütteln, den Stiel und die Blätter fein schneiden. Die Schalottenscheiben und den Koriander unter die Chilisauce rühren. Diese Sauce passt übrigens auch hervorragend zu allen gebratenen Reisgerichten wie z. B. dem gebratenen Gemüsereis (Seite 51), zu ausgebackenem Gemüse (Seite 31) und zu Fleischgerichten mit wenig Sauce.

ganz einfach Curry-Gemüsereis

(im Bild hinten)

Für 2 Personen:
100 g Blumenkohl / Salz
1–2 Möhren (ca. 100 g)
1/2 grüne Paprikaschote
100 g Chinakohl
3 EL Erdnussöl
500 g gekochter Reis vom Vortag
  (aus 200 g Basmatireis, siehe Seite 45)
5 EL Gemüsebrühe (Instant)
5 EL ungesüßte Kokosmilch
  (aus der Dose)
1 TL milde Currypaste (Asienladen)
1 EL helle Sojasauce

Zubereitungszeit: ca. 30 Min.
(ohne Reis kochen)
Pro Portion: ca. 445 kcal

1 Den Blumenkohl waschen und in Röschen teilen. In reichlich kochendem Salzwasser 2–3 Min. blanchieren, abgießen, eiskalt abschrecken und abtropfen lassen. Die Möhren waschen, putzen, schälen und in Stifte schneiden. Die Paprika waschen, putzen und in Streifen schneiden. Den Chinakohl waschen und ebenfalls in Streifen schneiden.

2 Den Wok erhitzen und 1 EL Öl dazugeben. Die Möhren und den Blumenkohl darin ca. 2 Min. pfannenrühren, dann an den Rand schieben. 1 weiteren EL Öl in den Wok geben und die Paprika und den Chinakohl ca. 1 Min. pfannenrühren, ebenfalls an den Rand schieben.

3 Das restliche Öl in den Wok geben und den gekochten Reis ca. 2 Min. darin anbraten, an den Rand schieben. Die Gemüsebrühe und die Kokosmilch angießen, die Currypaste darin auflösen. Die Sojasauce einrühren. Alles zusammenrühren und servieren.

Beilage Gebratener Gemüsereis

(im Bild vorne)

Für 4 Personen:
2–3 große Möhren (ca. 200 g)
150 g Staudensellerie
1 rote Zwiebel (ca. 100 g)
1–2 EL Mandelblättchen
2 EL Erdnussöl
500 g gekochter Reis vom Vortag
  (aus 200 g Basmatireis, siehe Seite 45)
Salz
1 TL gekörnte Gemüsebrühe
1 EL helle Sojasauce

Zubereitungszeit: ca. 30 Min.
(ohne Reis kochen)
Pro Portion: ca. 225 kcal

1 Die Möhren waschen, putzen, schälen und in Stifte schneiden. Den Sellerie waschen, putzen und ohne Grün in 1 cm lange Stücke schneiden. Die Zwiebel schälen, vierteln und in ca. 2 cm große Stücke schneiden.

2 Die Mandelblättchen in einer kleinen beschichteten Pfanne ohne Fett goldgelb rösten.

3 1 EL Öl im Wok erhitzen, die Möhren, den Sellerie und die Zwiebeln darin ca. 2 Min. pfannenrühren, an den Rand schieben.

4 Das restliche Öl im Wok erhitzen und den gekochten Reis unter ständigem Rühren ca. 2 Min. braten. Mit Salz, der gekörnten Gemüsebrühe und der Sojasauce würzen. Alles zusammenrühren und die gerösteten Mandelblättchen darüber streuen.

52

Gebratener Reis mit Tofu

Für 4 Personen:
150 g Tofu
3 EL helle Sojasauce
1 EL dunkle Sojasauce
1 TL milde Currypaste (Asienladen)
3 Msp. Sambal oelek
1–2 Möhren (ca. 100 g)
200 g Sojabohnensprossen
100 g Chinakohlblätter
100 g TK-Erbsen
2 Eier (Größe M)
Salz
4 EL Erdnussöl
500 g gekochter Reis vom Vortag
  (aus 200 g Basmatireis, siehe Seite 45)
1/4 TL Fünf-Gewürz-Pulver

Zubereitungszeit: ca. 35 Min.
  (ohne Reis kochen)
Marinierzeit: 2 Std.
Pro Portion: ca. 360 kcal

1 Den Tofu in ca. 1 cm große Würfel schneiden. 2 EL helle Sojasauce mit der dunklen Sojasauce, der Currypaste und 2 Msp. Sambal oelek verrühren und den Tofu darin 2 Std. marinieren.

2 Die Möhren waschen, putzen, schälen und in Stifte schneiden. Die Sojabohnensprossen waschen und abtropfen lassen. Den Chinakohl waschen und in ca. 1 cm dicke Streifen schneiden. Die Erbsen antauen lassen. Die Eier mit der restlichen hellen Sojasauce, 1 Msp. Sambal oelek und 1 Prise Salz verquirlen.

3 Den Wok erhitzen und 1 EL Öl hineingeben. Die Möhren ca. 2 Min. pfannenrühren, an den Rand schieben. 1 weiteren EL Öl in den Wok geben und den Chinakohl, die Sojabohnensprossen und die Erbsen dazugeben, alles zusammen ca. 1 Min. pfannenrühren und ebenfalls an den Rand schieben.

4 Nochmals 1 EL Öl in den Wok geben und die Eimasse unter Rühren stocken lassen. An den Rand schieben. Dann den gekochten Reis im Wok mit dem restlichen EL Öl ca. 2 Min. braten, alles zusammenrühren.

5 Alles wieder an den Rand schieben, den Tofu mit Marinade in den Wok geben. Kurz erhitzen und unter den Gemüsereis heben. Mit dem Fünf-Gewürz-Pulver und 1 Prise Salz abschmecken.

Frühlingsvariante

Passend zur Spargelzeit eine **Variante in Frühlingsgrün:** Für 4 Portionen 1 Knoblauchzehe schälen und durchpressen. Mit 2–3 EL Olivenöl und 1 EL Zitronensaft verrühren, 150 g Tofu in Würfeln darin 2 Std. marinieren. Je 1 Zwiebel und Knoblauchzehe schälen und fein würfeln. 200 g grünen Spargel waschen, im unteren Drittel schälen, die Enden abschneiden, die Stangen schräg in feine Scheiben schneiden. 200 g Zucchini waschen, putzen und in dünne Scheiben schneiden. 200 g Champignons putzen, ebenfalls in Scheiben schneiden. 3 Frühlingszwiebeln waschen, putzen und quer in ca. 2 cm lange Stücke schneiden. 200 g Zuckerschoten waschen und putzen. 2 Eier mit Salz und Pfeffer verquirlen. Zwiebel und Knoblauch in 2 EL Öl im Wok anbraten. Spargel, Zucchini und Zuckerschoten ca. 3 Min. mitbraten, Pilze und Frühlingszwiebeln ca. 2 Min. mitbraten. Alles an den Rand schieben. Nochmals 1 EL Öl im Wok erhitzen, die Eimasse unter Rühren stocken lassen. An den Rand schieben, dann 500 g gekochten Basmatireis mit weiteren 2 EL Öl ca. 2 Min. braten. Alles zusammenrühren, wieder an den Rand schieben. Den Tofu mit Marinade kurz im Wok erhitzen, den Gemüsereis unterheben. Mit Salz, Pfeffer, 1 TL abgeriebener Zitronenschale und 2 EL Zitronensaft würzen. 1 EL Butter untermischen. Mit Basilikumblättern bestreuen.

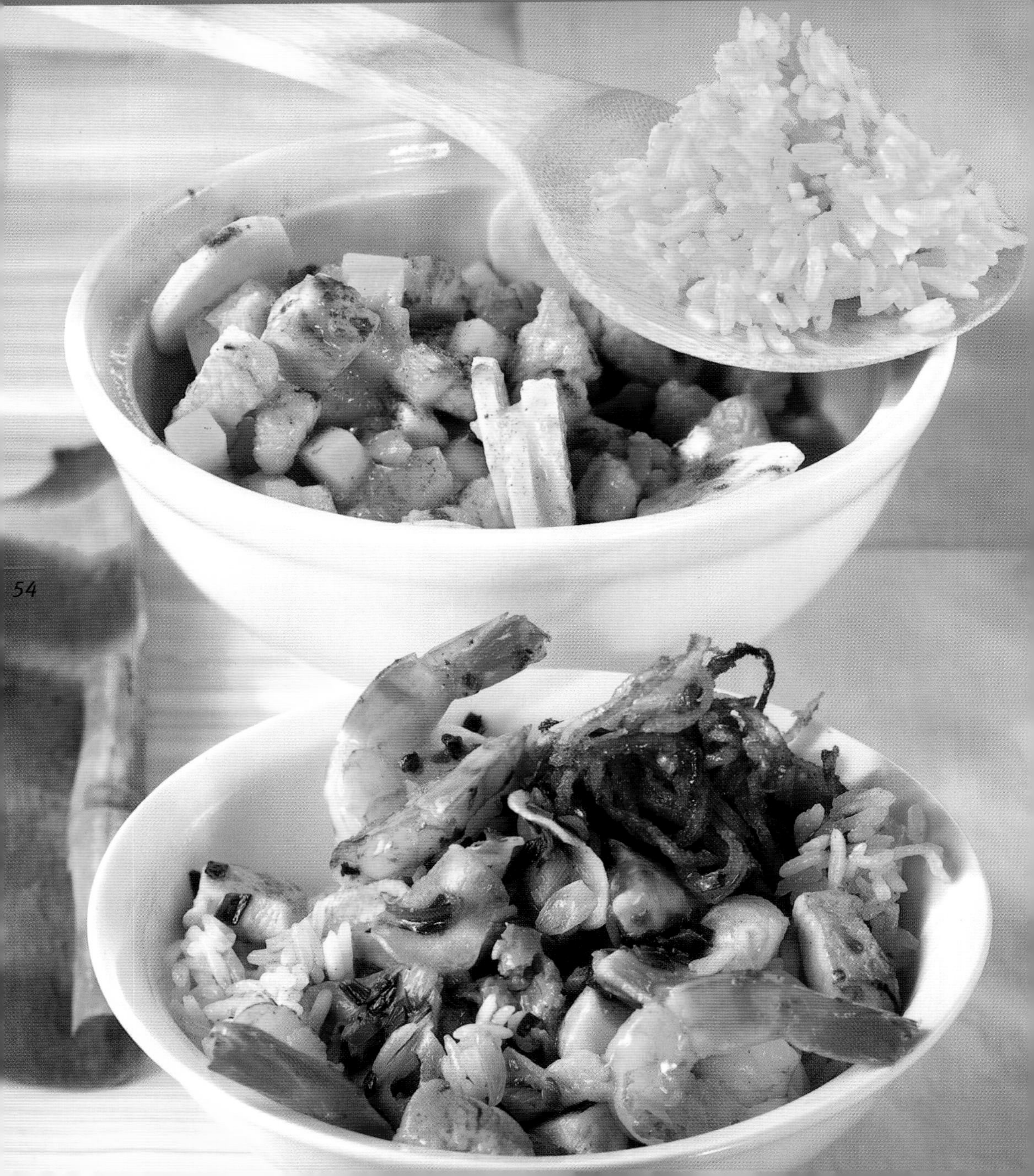

indisch inspiriert **Curryreis mit Pute und Früchten**

(im Bild hinten)

Für 4 Personen:
200 g Basmatireis | 2 EL Erdnussöl
1 1/2 TL Currypulver
Salz | 300 g Putenbrustfilet
150 g Ananas in Stücken + 100 ml Saft
  (aus der Dose)
1 Banane | 1/2 Mango
200 ml ungesüßte Kokosmilch (aus der Dose)
1 EL Mangochutney | 1/2 TL Zimt
1 EL helle Sojasauce | 1 EL Honig

Zubereitungszeit: ca. 30 Min.
Pro Portion: ca. 400 kcal

1 Den Reis in einem Topf in 1 EL Erdnussöl anbraten. 400 ml Wasser angießen, 1/2 TL Currypulver und 1/4 TL Salz dazugeben. Zugedeckt ca. 10 Min. leise kochen lassen, bis das Wasser aufgesogen ist. Die Herdplatte ausschalten, den Reis durchrühren und dann 20 Min. zugedeckt auf der noch warmen Herdplatte ausquellen lassen. Inzwischen das Putenfleisch kalt abspülen, trockentupfen und in kleine Würfel schneiden.

2 Die Ananas abtropfen lassen, dabei Saft auffangen. Die Banane schälen und quer halbieren. Die eine Hälfte in ca. 1/2 cm dicke Scheiben schneiden, die andere Hälfte zerdrücken. Die Mango schälen, das Fruchtfleisch in Spalten vom Stein schneiden und klein würfeln.

3 1 EL Öl im Wok erhitzen, das Putenfleisch darin rundum anbraten. Ananassaft angießen, die Bratrückstände darin auflösen und die Kokosmilch dazugeben. Restliches Currypulver, Chutney, Zimt, Sojasauce, Honig und 1 Prise Salz dazugeben, alles ca. 3 Min. leise kochen lassen. Die zerdrückte Banane unterrühren, die restlichen Früchte dazugeben und kurz warm werden lassen. Mit dem Curryreis servieren.

Klassiker **Nasi Goreng**

(im Bild vorne)

Für 4 Personen:
5 Frühlingszwiebeln | 2 Knoblauchzehen
2 frische rote Chilischoten
200 g Hähnchenbrustfilet
400 g geschälte gegarte Garnelen
2 Eier (Größe M)
3 EL helle Sojasauce
1–2 Msp. Sambal oelek | Salz
3 EL neutrales Pflanzenöl
500 g gekochter Reis vom Vortag (aus 200 g
  Basmatireis, siehe Seite 45)
1–2 EL Röstzwiebeln (Fertigprodukt)

Zubereitungszeit: ca. 40 Min.
  (ohne Reis kochen)
Pro Portion: ca. 405 kcal

1 Die Frühlingszwiebeln putzen, waschen und in Ringe schneiden. Den Knoblauch schälen, die Chili längs aufschlitzen, entkernen und waschen, beides in feine Scheiben schneiden. Das Hähnchenfilet kalt abspülen, trockentupfen und klein würfeln. Die Garnelen trockentupfen. Die Eier mit 1 EL heller Sojasauce, Sambal oelek und 1 Prise Salz verquirlen.

2 1 EL Öl im Wok erhitzen, die Frühlingszwiebeln mit dem Knoblauch und den Chilis 3–5 Min. pfannenrühren, an den Rand schieben. 1 weiteren EL Öl in den Wok geben, das Hähnchenfleisch kurz darin anbraten. Die Garnelen dazugeben, mitbraten, dann ebenfalls an den Rand schieben.

3 Die Eiermasse in den Wok gießen, unter Rühren stocken lassen, etwas zerteilen und an den Rand schieben. Den gekochten Reis im Wok in 1 EL Öl unter ständigem Rühren 2–4 Min. braten, bis er heiß ist. Alles zusammenrühren, mit der restlichen Sojasauce und Salz würzen. Die Röstzwiebeln darüber streuen.

würzig **Gelber Reis mit Fisch**

Für 4 Personen:
300 g Reis | 3 EL neutrales Pflanzenöl
Salz | 1/2 TL Kurkumapulver
300 g Brokkoli | 400 g Zucchini
600 g Fischfilet (z. B. Kabeljau)
Saft von einer 1/2 Zitrone | 3 Knoblauchzehen
1 Stück frischer Ingwer (ca. 30 g)
1 kleine Zwiebel | 1 Bund frischer Koriander
1 EL Fischsauce | 2 EL Sojasauce
1 TL Currypulver
1/2 TL Kreuzkümmelpulver | Pfeffer

Zubereitungszeit: ca. 45 Min.
Pro Portion: ca. 480 kcal

1 Den Reis in 1 EL Öl anbraten. 600 ml Wasser angießen, je 1/2 TL Salz und Kurkuma dazugeben. Den Reis kochen und quellen lassen, wie im Grundrezept auf Seite 45 beschrieben.

2 Brokkoli und Zucchini waschen und putzen. Den Brokkoli in Röschen zerteilen, Stiele und Zucchini in Stifte schneiden. Die Brokkoliröschen und -stiele in kochendem Salzwasser 1–2 Min. blanchieren, abgießen, eiskalt abschrecken und abtropfen lassen. Das Fischfilet kalt abspülen, trockentupfen, in ca. 2 cm große Würfel schneiden und mit dem Zitronensaft beträufeln. Knoblauch, Ingwer und Zwiebel schälen und klein würfeln. Koriander waschen und fein hacken.

3 1 EL Öl im Wok erhitzen, den Brokkoli ca. 2 Min. pfannenrühren. Nach 1 Min. die Zucchini mitbraten, alles an den Rand schieben. Das restliche Öl in den Wok geben, Knoblauch, Ingwer und Zwiebeln darin kurz andünsten. Fisch und Koriander 2–3 Min. mitbraten. Alles mit den Saucen und Gewürzen zusammenrühren, salzen und pfeffern. Den Reis unterrühren.

Reis mit Meeresfrüchten

Für 2 Personen:
500 g gemischte TK-Meeresfrüchte
Salz
2 Knoblauchzehen
1 Zwiebel (ca. 100 g)
1 kleiner Zucchino (ca. 150 g)
1/2 Bund frischer Koriander
   (ersatzweise glatte Petersilie)
3 EL neutrales Pflanzenöl
500 g gekochter Reis vom Vortag
   (aus 200 g Basmatireis, siehe Seite 45)
2 EL helle Sojasauce
1 EL Fischsauce
1 Msp. Sambal oelek

Zubereitungszeit: ca. 25 Min.
   (ohne Reis kochen)
Auftauzeit: ca. 1 Std.
Pro Portion: ca. 630 kcal

1 Die Meeresfrüchte auftauen lassen. In 2 l kochendem Salzwasser ca. 2 Min. blanchieren, abgießen und abtropfen lassen.

2 Den Knoblauch und die Zwiebel schälen und in feine Würfel schneiden. Den Zucchino waschen, putzen und in ca. 1 cm große Würfel schneiden. Den Koriander waschen, trockenschütteln und fein hacken.

3 1 EL Öl im Wok erhitzen und den Knoblauch und die Zwiebeln darin andünsten. Die Meeresfrüchte mit zwei Dritteln des Koriandergrüns dazugeben und kurz mitbraten. Dann die Zucchiniwürfel ca. 1 Min. mitbraten. Alles an den Rand schieben.

4 Das restliche Öl dazugeben und den gekochten Reis unter ständigem Rühren anbraten. Alles zusammenrühren und mit den Saucen und Gewürzen abschmecken. Den restlichen Koriander darüber streuen.

57

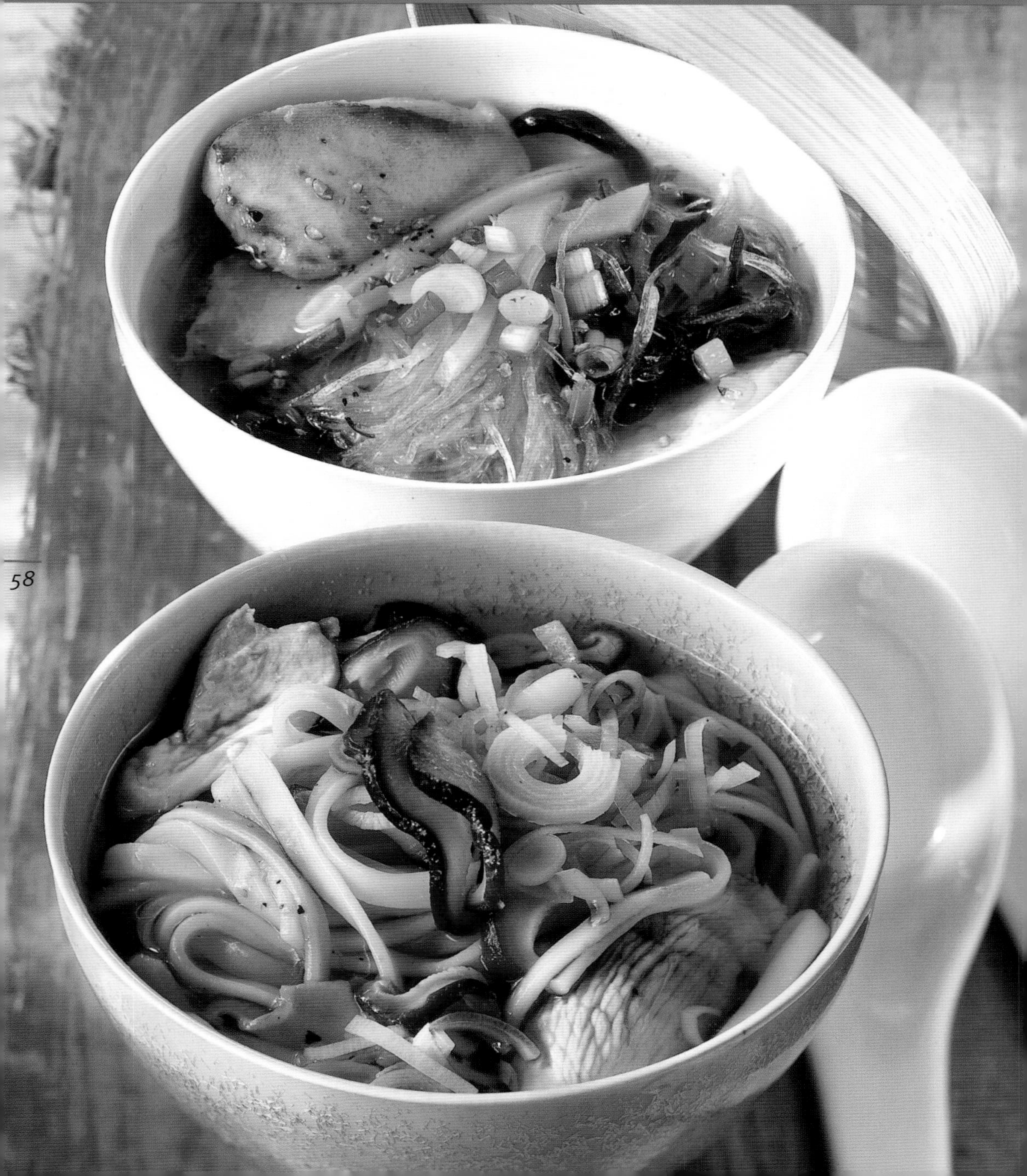

sauerscharf **Glasnudelsuppe mit Hähnchenfleisch**

(im Bild hinten)

Für 4 Personen:
5 getrocknete Mu-Err-Pilze
250 g Hähnchenbrustfilet
3 Frühlingszwiebeln
100 g Bambussprossen in Streifen
(aus dem Glas oder der Dose)
100 g Glasnudeln | 1 EL Chiliöl
1 EL Sesamöl | 1 l Hühnerbrühe (Instant)
2 EL helle Sojasauce
2 EL Reisessig
Salz | Pfeffer

Zubereitungszeit: ca. 45 Min.
Pro Portion: ca. 250 kcal

1 Die Mu-Err-Pilze in warmem Wasser ca. 20 Min. einweichen. Inzwischen das Hähnchenfilet kalt abspülen, trockentupfen und in 1 cm breite und 4 cm lange Streifen schneiden. Die Frühlingszwiebeln putzen, waschen und in Ringe schneiden. Die Bambussprossen abtropfen lassen.

2 Die Glasnudeln in lauwarmem Wasser ca. 10 Min. einweichen. Abtropfen lassen und mit einer Küchenschere etwas kleiner schneiden. Die Pilze abtropfen lassen und in feine Streifen schneiden.

3 Die Öle im Wok erhitzen. Das Hähnchenfleisch, die Bambussprossen und die Frühlingszwiebeln darin unter Rühren kurz anbraten. Die Pilze untermischen und kurz ziehen lassen.

4 Die Hühnerbrühe zum Fleisch gießen, alles einmal aufkochen lassen. Die Sojasauce und den Essig in die Suppe geben und ca. 5 Min. leise kochen lassen. Mit Salz und Pfeffer pikant abschmecken. Kurz vor dem Servieren die Glasnudeln unterrühren.

mild **Udon-Nudelsuppe**

(im Bild vorne)

Für 4 Personen:
300 g Udon-Nudeln (Asienladen)
Salz
1 Stange Lauch
2 Frühlingszwiebeln
4 Shiitake-Pilze
200 g Hähnchenbrustfilet
3 TL Dashi-Granulat (für 1 l Dashi-Brühe;
Asienladen; ersatzweise Hühnerbrühe)
100 ml helle Sojasauce
2 EL Mirin (süßer Reiswein, Asienladen)

Zubereitungszeit: ca. 25 Min.
Pro Portion: ca. 360 kcal

1 Die Nudeln in reichlich kochendem Salzwasser 5–10 Min. nach Packungsanweisung garen. Abgießen und abtropfen lassen.

2 Den Lauch und die Frühlingszwiebeln putzen. Das Grüne vom Lauch entfernen, den Lauch längs halbieren, waschen und in dünne Scheibchen schneiden. Die Frühlingszwiebeln mit Grün längs halbieren, waschen und ebenfalls in dünne Scheibchen schneiden. 2 EL beiseite stellen. Die Pilze trocken abreiben, die Stiele entfernen, die Hüte in Streifen schneiden. Das Hähnchenfleisch kalt abspülen, trockentupfen und ebenfalls in Streifen schneiden.

3 In einem großen Topf 1 l Wasser aufkochen lassen und das Dashi-Granulat einrühren. Das Hähnchenfleisch, die Pilze, die Frühlingszwiebeln und den Lauch mit der Sojasauce und dem Reiswein dazugeben. Alles ca. 3 Min. leise kochen lassen, bis das Fleisch gar ist.

4 Die Suppe eventuell mit etwas Salz nachwürzen. Die Nudeln in vier Suppenschalen verteilen und mit der Brühe aufgießen. Mit den restlichen Frühlingszwiebeln bestreuen.

crossover **Nudeln mit exotischer Sauce**

Für 4 Personen:
400 g Penne | Salz
300 g Brokkoli | 1 kleiner Zucchino (ca. 100 g)
100 g Parmesan
1 EL neutrales Pflanzenöl
200 g Sahne
100 ml Gemüsebrühe (Instant)
Pfeffer | 1 EL Honig
1/2 TL Korianderpulver
je 1/4 TL Kreuzkümmel- und Chilipulver
2 EL helle Sojasauce
3 EL Austernsauce

Zubereitungszeit: ca. 40 Min.
Pro Portion: ca. 680 kcal

1 Die Penne in reichlich kochendem Salzwasser nach Packungsanweisung bissfest garen. Abgießen und abtropfen lassen.

2 Den Brokkoli waschen, putzen und in Röschen zerteilen. Die Stiele in Stifte schneiden. Den Brokkoli in reichlich kochendem Salzwasser ca. 2 Min. blanchieren. Abgießen, eiskalt abschrecken und abtropfen lassen.

3 Den Zucchino waschen, putzen und in Stifte schneiden. Den Parmesan fein reiben.

4 Das Öl im Wok erhitzen und den Brokkoli darin ca. 2 Min. pfannenrühren, an den Rand schieben. Die Zucchini ca. 1 Min. pfannenrühren. Die Sahne und die Gemüsebrühe angießen. Mit Salz, Pfeffer, dem Honig und den restlichen Gewürzen und Saucen abschmecken. Alles ca. 2 Min. leise kochen lassen.

5 Die Nudeln dazugeben und alles zusammenrühren. Mit Parmesan bestreut servieren.

ganz einfach **Fruchtig-scharfe Asianudeln**

Für 2 Personen:
250 g chin. Eiernudeln (Asienladen)
1 kleine Zwiebel
2 Knoblauchzehen
2 Stangen Zitronengras
300 g Austernpilze
2–3 EL Stängel Thai-Basilikum
3 EL neutrales Pflanzenöl
2 EL helle Sojasauce
2 EL Austernsauce
1 EL Limettensaft
1 EL Chiliöl

Zubereitungszeit: ca. 25 Min.
Pro Portion: ca. 690 kcal

1 Die Nudeln in reichlich kochendem Wasser nach Packungsanweisung bissfest garen. In ein Sieb abgießen, eiskalt abschrecken und gut abtropfen lassen.

2 Die Zwiebel und den Knoblauch schälen und klein würfeln. Vom Zitronengras die äußeren harten Blätter entfernen, den unteren Teil in feine Ringe schneiden. Austernpilze von den harten Stielansätzen befreien und in 1 cm dicke Streifen schneiden. Das Basilikum waschen, trockenschütteln, Blättchen streifig schneiden.

3 1 EL Öl im Wok erhitzen. Die Zwiebel, den Knoblauch und das Zitronengras unter ständigem Rühren in ca. 2 Min. glasig dünsten. Die Austernpilze dazugeben und alles ca. 3 Min. pfannenrühren. An den Rand schieben.

4 Das restliche Öl im Wok erhitzen und die Nudeln unter ständigem Rühren ca. 3 Min. anbraten. Die Sojasauce, die Austernsauce und den Limettensaft einrühren, alles zusammenrühren. Das Basilikum darüber streuen, das Chiliöl darüber träufeln.

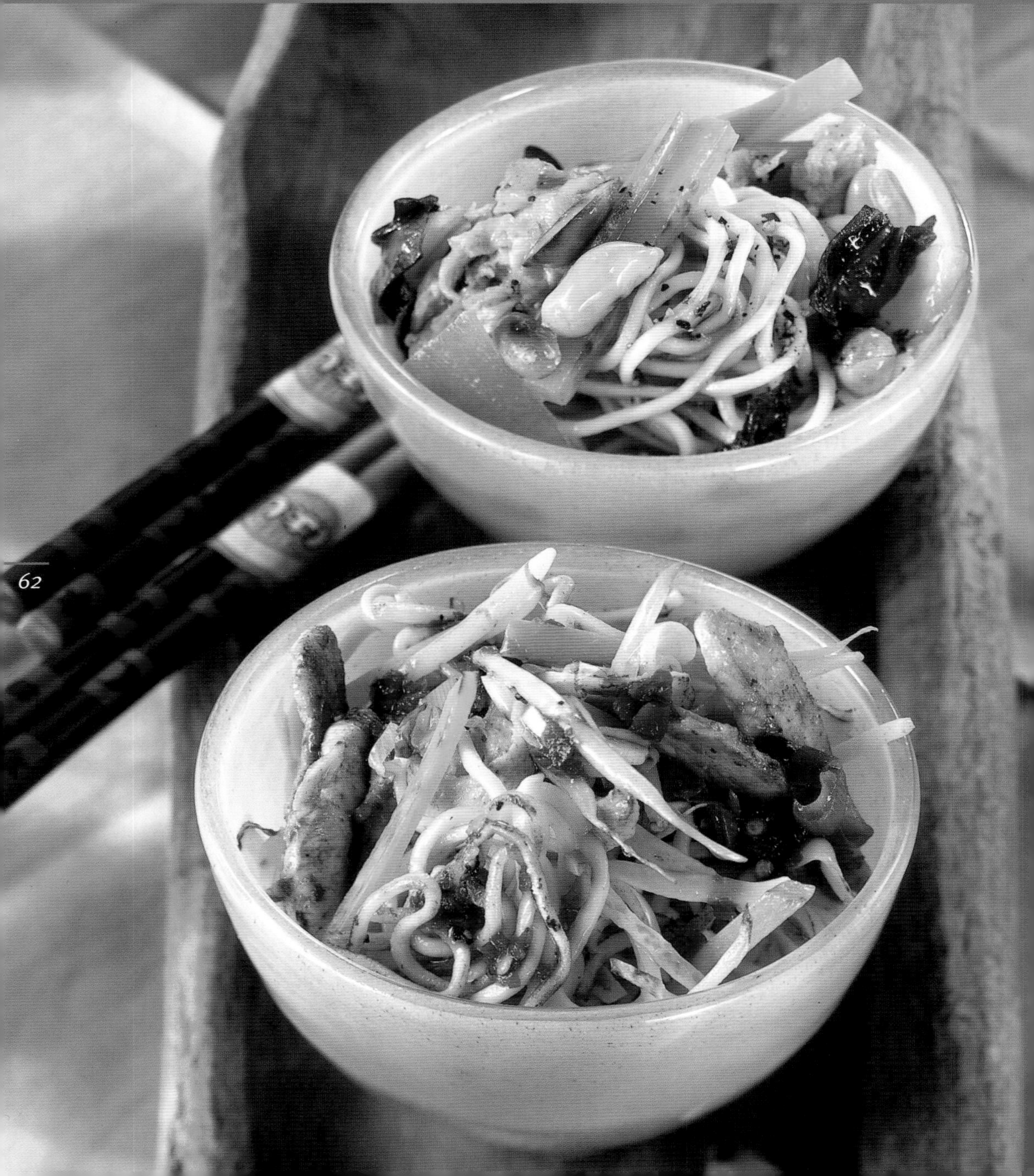

vegetarisch **Gebratene Eiernudeln**

(im Bild hinten)

Für 4 Personen:
300 g chin. Eiernudeln
Salz
4 EL Erdnussöl
2–3 Möhren (ca. 150 g)
150 g Pak Choi (ersatzweise Mangold)
50 g Erdnüsse in der Schale
3 Eier (Größe M)
2–3 EL helle Sojasauce
1 Msp. Sambal oelek
1 TL Reiswein
Pfeffer

Zubereitungszeit: ca. 35 Min.
Pro Portion: ca. 495 kcal

1 Die Nudeln in reichlich kochendem Salzwasser nach Packungsanweisung 4–5 Min. garen. Abgießen und kalt abschrecken. 1 EL Öl untermischen, damit sie nicht zusammenkleben.

2 Die Möhren waschen, putzen, schälen und in Stifte schneiden. Den Pak Choi waschen, putzen und in ca. 2 cm große Stücke schneiden. Die Erdnüsse schälen und die braunen Häutchen entfernen. Die Eier mit 1 EL Sojasauce, dem Sambal oelek und 1 Prise Salz verquirlen.

3 1 EL Öl im Wok erhitzen die Möhren und den Pak Choi darin ca. 2 Min. pfannenrühren. An den Rand schieben. 1 weiterer EL Öl im Wok erhitzen, die Eimasse unter Rühren darin stocken lassen, dann ebenfalls an den Rand schieben.

4 Das restliche Öl im Wok erhitzen, die Nudeln und die Erdnüsse darin ca. 1 Min. pfannenrühren. Alles zusammenrühren, mit der restlichen Sojasauce, dem Reiswein, Salz und Pfeffer abschmecken. Sofort servieren.

Klassiker **Bami Goreng**

(im Bild vorne)

Für 4 Personen:
250 g chin. Eiernudeln | Salz
1–2 Möhren (ca. 100 g) | 100 g Weißkohl
1 Frühlingszwiebel | 100 g Sojabohnensprossen
2 Knoblauchzehen
1 Stück frischer Ingwer (ca. 30 g)
je 100 g Hähnchenbrust-, Schweine- und Rinderfilet
3 EL neutrales Pflanzenöl | 2 TL Sambal oelek
4 EL süße Sojasauce | 2 EL Zitronensaft
Salz | Pfeffer

Zubereitungszeit: ca. 45 Min.
Pro Portion: ca. 410 kcal

1 Die Nudeln in reichlich kochendem Salzwasser nach Packungsanweisung 4–5 Min. garen. Abgießen und abtropfen lassen. Inzwischen die Möhren waschen, putzen, schälen und in Stifte schneiden. Den Weißkohl waschen und in Streifen schneiden. Frühlingszwiebel putzen, waschen und in feine Ringe schneiden. Sojasprossen waschen, abtropfen lassen. Knoblauch und Ingwer schälen, in Scheibchen schneiden.

2 Das Hähnchenfleisch kalt abspülen und trockentupfen. Das Hähnchen-, Schweine- und Rinderfilet in dünne Streifen schneiden.

3 1 EL Öl im Wok erhitzen, die Möhren und den Kohl ca. 2 Min. pfannenrühren. An den Rand schieben. Frühlingszwiebeln, Sprossen, Knoblauch und Ingwer im Wok ca. 1 Min. pfannenrühren, ebenfalls an den Rand schieben.

4 1 weiteren EL Öl im Wok erhitzen, alle Fleischsorten darin ca. 3 Min. pfannenrühren und an den Rand schieben. Nudeln in dem restlichen Öl unter ständigem Rühren ca. 2 Min. im Wok braten. Alles zusammenrühren, mit Sambal oelek, Sojasauce, Zitronensaft, Salz und Pfeffer würzen.

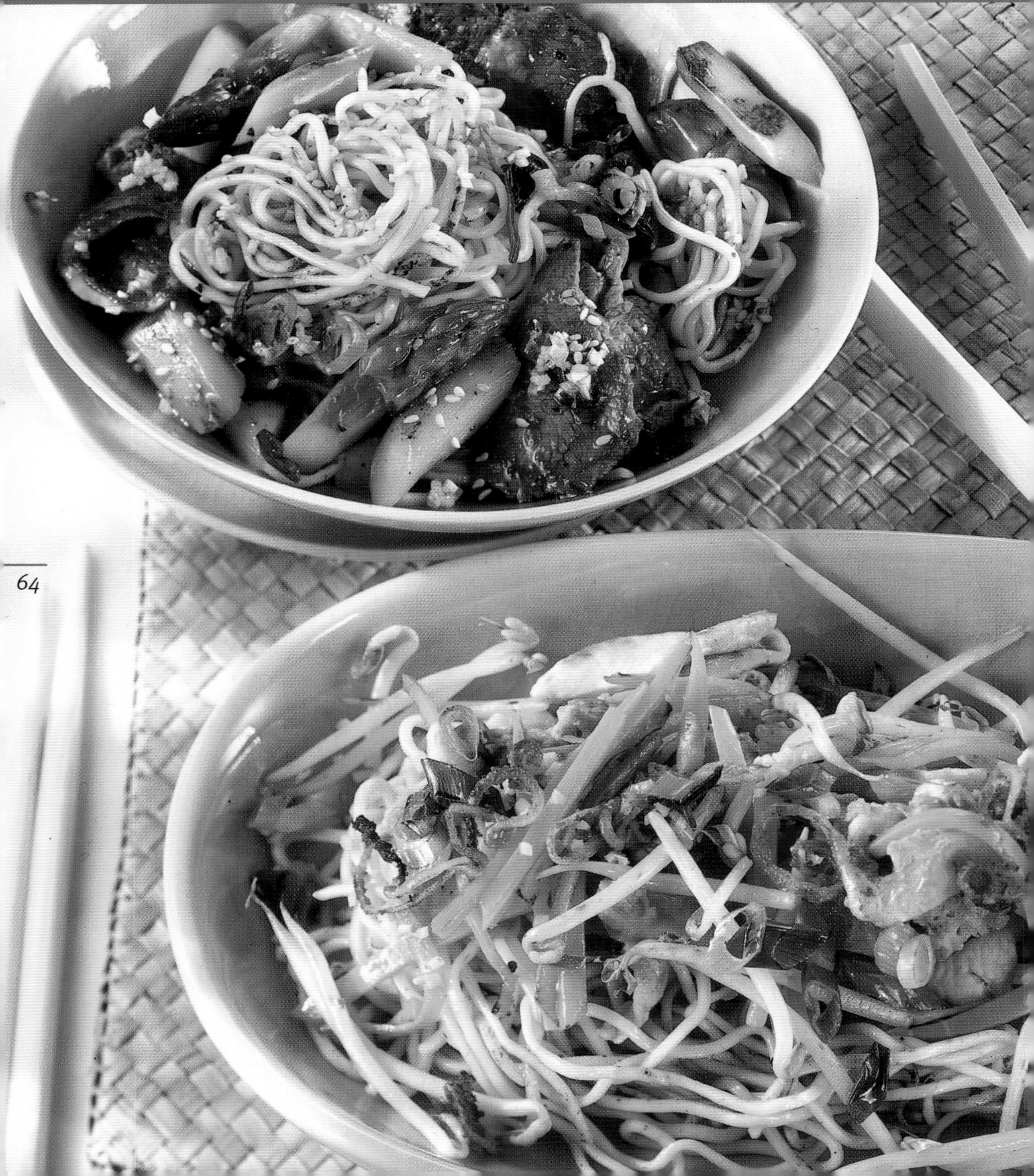

macht was her Asianudeln mit Lamm und Spargel

(im Bild hinten)

Für 4 Personen:
300 g Mie-Nudeln (chin. Weizennudeln)
Salz | 250 g grüner Spargel | 300 g Lammfilet
Pfeffer | 2 Knoblauchzehen
2 Frühlingszwiebeln
3 EL neutrales Pflanzenöl
2 EL helle Sojasauce
1–2 EL weiße Sesamsamen

Zubereitungszeit: ca. 30 Min.
Pro Portion: ca. 460 kcal

1 Die Nudeln in reichlich kochendem Salzwasser nach Packungsanweisung 4–5 Min. garen. Abgießen und abtropfen lassen. Inzwischen den Spargel waschen, im unteren Drittel schälen und die Enden abschneiden. Die Stangen in reichlich kochendem Salzwasser 3–4 Min. garen, abgießen, abtropfen und etwas auskühlen lassen. Den Spargel schräg in ca. 3 cm lange Stücke schneiden.

2 Das Lammfilet in feine Streifen schneiden und mit Pfeffer würzen. Den Knoblauch schälen und fein würfeln. Die Frühlingszwiebeln putzen, waschen und in feine Ringe schneiden.

3 1 EL Öl im Wok erhitzen, den Knoblauch mit den Frühlingszwiebeln darin ca. 1 Min. pfannenrühren, an den Rand schieben. 1 weiteren EL Öl im Wok erhitzen, die Fleischstreifen ca. 2 Min. pfannenrühren, ebenfalls an den Rand schieben. Das restliche Öl in den Wok geben und die Nudeln mit dem Spargel ca. 2 Min. pfannenrühren. Alles zusammenrühren, mit der Sojasauce, Salz und Pfeffer würzen und kurz erhitzen.

4 Die Sesamsamen in einer kleinen beschichteten Pfanne ohne Fett anrösten und über die Nudeln streuen.

ganz einfach Puten-Nudeln

(im Bild vorne)

Für 4 Personen:
300 g Putenbrustfilet
1 Stück frischer Ingwer (ca. 30 g)
3 EL helle Sojasauce | 2 Msp. Sambal oelek
300 g Mie-Nudeln (chin. Weizennudeln)
Salz | 1 Ei (Größe L) | 2–3 Möhren (ca. 150 g)
1 Frühlingszwiebel | 200 g Sojabohnensprossen
3 EL neutrales Pflanzenöl | Pfeffer
1 EL Röstzwiebeln (Fertigprodukt)

Zubereitungszeit: ca. 40 Min.
Marinierzeit: 2 Std.
Pro Portion: ca. 490 kcal

1 Das Fleisch kalt abspülen, trockentupfen und streifig schneiden. Ingwer schälen, fein reiben und mit 2 EL Sojasauce und 1 Msp. Sambal oelek verrühren. Fleisch darin zugedeckt 2 Std. im Kühlschrank marinieren. Nudeln in reichlich kochendem Salzwasser nach Packungsanweisung 4–5 Min. garen. Abgießen und abtropfen lassen.

2 Ei mit restlicher Sojasauce und restlichem Sambal oelek verquirlen. Möhren waschen, putzen, schälen und in Stifte schneiden. Frühlingszwiebel putzen, waschen, in feine Ringe schneiden. Sprossen waschen und abtropfen lassen.

3 1 EL Öl im Wok erhitzen, die Möhren ca. 2 Min. pfannenrühren, an den Rand schieben. Die Frühlingszwiebeln und Sprossen ca. 1 Min. pfannenrühren, ebenfalls an den Rand schieben. 1 weiteren EL Öl im Wok erhitzen, das Fleisch mit der Marinade ca. 3 Min. pfannenrühren. Die Eimasse darüber gießen, unter ständigem Rühren stocken lassen und an den Rand schieben.

4 Das restliche Öl in den Wok geben, die Nudeln ca. 1 Min. unter ständigem Rühren braten. Alles zusammenrühren und mit Salz und Pfeffer würzen. Mit den Röstzwiebeln bestreuen.

süß-scharf **Chilinudeln**

(im Bild vorne)

Für 2 Personen:
250 g Rinderfilet | 1 TL Sambal oelek
1 TL Fünf-Gewürz-Pulver | 1 EL helle Sojasauce
1/2 TL Speisestärke
250 g Chilinudeln (Fertigprodukt) | Salz
140 g Bambussprossen in Streifen (aus dem
* Glas oder aus der Dose)*
1 Gemüsezwiebel (ca. 150 g)
1 grüne Paprikaschote | 200 g Cocktailtomaten
2 EL neutrales Pflanzenöl | 2 EL Aceto balsamico
2–3 EL Hoi Sin-Sauce (Bohnenpaste)
1 EL dunkle Sojasauce | Pfeffer

Zubereitungszeit: ca. 35 Min.
Marinierzeit: 2 Std.
Pro Portion: ca. 760 kcal

1 Das Rinderfilet in feine Streifen schneiden und
mit je 1/2 TL Sambal oelek und Fünf-Gewürz-
Pulver sowie der hellen Sojasauce vermischen.
Das Fleisch zugedeckt im Kühlschrank ca. 2 Std.
marinieren. Dann das Fleisch mit der Stärke bestäuben und verrühren. Inzwischen die Nudeln
nach Packungsanweisung bissfest garen, abgießen, kalt abschrecken und gut abtropfen lassen.

2 Die Sprossen abtropfen lassen. Zwiebel schälen, achteln und die Achtel auseinander zupfen.
Die Paprika waschen, putzen und streifig schneiden. Die Tomaten waschen und halbieren.

3 Im Wok 1 EL Öl erhitzen, die Zwiebeln darin
2–3 Min. dünsten. Die Paprika dazugeben und
1 Min. mitbraten. Auf die Seite schieben. Das
restliche Öl in den Wok geben, das Fleisch darin
anbraten. Die Tomaten dazugeben und 1 Min.
mitbraten. Essig dazugeben, kurz einkochen
lassen und mit 1 EL Wasser ablöschen. Mit dem
restlichen Sambal oelek und Fünf-Gewürz-
Pulver sowie den Würzsaucen und Pfeffer würzen. Nudeln dazugeben, alles zusammenrühren.

sehr scharf **Gebratene Nudeln mit Garnelen**

(im Bild hinten)

Für 2 Personen:
250 g Mie-Nudeln (chin. Weizennudeln)
Salz | 200 g gegarte geschälte Garnelen
200 g Sojabohnensprossen
1 Frühlingszwiebel
2–3 frische rote Chilischoten
3 EL neutrales Pflanzenöl
1/2 TL Fünf-Gewürz-Pulver | Pfeffer

Zubereitungszeit: ca. 30 Min.
Pro Portion: ca. 710 kcal

1 Die Nudeln in reichlich kochendem Salzwasser
nach Packungsanweisung 4–5 Min. garen. Abgießen und abtropfen lassen.

2 Die Garnelen trockentupfen. Die Sojabohnensprossen waschen und in einem Sieb gründlich
abtropfen lassen. Die Frühlingszwiebel waschen,
putzen und in feine Ringe schneiden. Die Chilischoten längs aufschlitzen, entkernen, waschen
und klein würfeln.

3 1 EL Öl im Wok erhitzen, die Sprossen und die
Frühlingszwiebeln ca. 1/2 Min. pfannenrühren,
an den Rand schieben. 1 weiteren EL Öl erhitzen.
Die Garnelen darin kurz anbraten, ebenfalls an
den Rand schieben.

4 1 weiteren EL Öl im Wok erhitzen, die Chilis
darin kurz anbraten. Die Nudeln dazugeben und
unter ständigem Rühren ca. 1 Min. braten. Alles
zusammenrühren und mit dem Fünf-Gewürz-
Pulver, Salz und Pfeffer abschmecken.

knusprig Gemüsegarnelen mit frittierten Glasnudeln

(im Bild hinten)

Für 4 Personen:
1–2 Möhren (ca. 100 g) | 100 g Zuckerschoten
1 gelbe Paprikaschote | 2 Knoblauchzehen
1 Stück frischer Ingwer (ca. 50 g)
300 g geschälte gegarte Garnelen
3 EL neutrales Pflanzenöl
50 ml Gemüsebrühe (Instant)
5 EL Austernsauce
je 2 EL Fischsauce und dunkle Sojasauce
je 1 Prise Anis-, Fenchel- und Zimtpulver
Pfeffer | 1 Msp. Sambal oelek
1 l neutrales Pflanzenöl zum Frittieren
40 g Glasnudeln

Zubereitungszeit: ca. 40 Min.
Pro Portion: ca. 260 kcal

1 Die Möhren waschen, putzen, schälen und in Stifte schneiden. Die Zuckerschoten waschen und halbieren. Die Paprika waschen, vierteln, entkernen und in dünne Streifen schneiden. Den Knoblauch und den Ingwer schälen und klein würfeln. Die Garnelen trockentupfen.

2 1 EL Öl im Wok erhitzen, Möhren und Zuckerschoten ca. 2 Min. pfannenrühren, an den Rand schieben. 1 weiteren EL Öl im Wok erhitzen, die Paprika ca. 1 Min. pfannenrühren, ebenfalls an den Rand schieben. Ingwer und Knoblauch im restlichen Öl anbraten, die Garnelen dazugeben, ca. 1 Min. pfannenrühren, dann mit der Gemüsebrühe ablöschen. Die restlichen Würzsaucen und Gewürze dazugeben und unterrühren.

3 In einem großen Topf oder im Wok das Öl erhitzen. Es ist heiß genug, wenn an einem hineingehaltenen Holzkochlöffelstiel Bläschen aufsteigen **(Step 1)**. Glasnudeln hineingeben und sofort wieder herausnehmen **(Step 2)**. Auf den fertigen Gemüsegarnelen anrichten **(Step 3)**.

Klassiker auf neue Art Glasnudeln mit Hackfleisch und Tofu

(im Bild vorne)

Für 4 Personen:
200 g Tofu | 1 EL Reiswein | 2 EL helle Sojasauce
2 Msp. Sambal oelek | 150 g Glasnudeln
1 Zwiebel | 3 Knoblauchzehen
1 Stück frischer Ingwer (ca. 30 g)
3 Frühlingszwiebeln | 1 frische rote Chilischote
3 EL neutrales Pflanzenöl
200 g Schweinehackfleisch
100 ml Fleischbrühe (Instant)
100 ml Tomatenpüree (aus dem Tetrapack)
2 EL dunkle Sojasauce | Salz | Pfeffer

Zubereitungszeit: ca. 35 Min.
Marinierzeit: 2 Std.
Pro Portion: ca. 320 kcal

1 Den Tofu in ca. 1 cm große Würfel schneiden. Den Reiswein, die helle Sojasauce und das Sambal oelek verrühren und den Tofu darin ca. 2 Std. marinieren. Die Glasnudeln in lauwarmem Wasser ca. 10 Min. einweichen, abgießen und mit einer Schere etwas kleiner schneiden.

2 Die Zwiebel, den Knoblauch und den Ingwer schälen und klein würfeln. Die Frühlingszwiebeln putzen, waschen und in ca. 1 cm lange Stücke schneiden. Die Chili längs aufschlitzen, entkernen, waschen und in feine Streifen schneiden.

3 1 EL Öl im Wok erhitzen, Zwiebel, Knoblauch, Chili und Frühlingszwiebeln darin glasig dünsten, an den Rand schieben. Das Hackfleisch im restlichen Öl krümelig braten. Die Fleischbrühe und das Tomatenpüree angießen, die Bratrückstände unter ständigem Rühren lösen. Den Tofu mit Marinade und die dunkle Sojasauce dazugeben. Mit Salz und Pfeffer würzen. Alles unter ständigem Rühren aufkochen lassen. Die Glasnudeln unterheben und alles noch 1–2 Min. zusammen garen.

würzig **Reisnudeln mit Tintenfisch**

(im Bild hinten)

Für 4 Personen:
600 g küchenfertige Tintenfischtuben
4 Knoblauchzehen | Saft von einer 1/2 Zitrone
400 g Reisnudeln (1–2 cm breit) | Salz
1 Zwiebel | 3 Frühlingszwiebeln
200 g Sojabohnensprossen
1/2 Bund glatte Petersilie
3 EL neutrales Pflanzenöl | 150 ml Gemüsebrühe
1 EL Fischsauce | 2 EL helle Sojasauce
Pfeffer | 1 Msp. Sambal oelek

Zubereitungszeit: ca. 40 Min.
Pro Portion: ca. 560 kcal

1 Tintenfische kalt abspülen, trockentupfen und in Ringe schneiden. 2 Knoblauchzehen schälen, durchpressen und mit dem Zitronensaft vermischen. Tintenfische darin 30 Min. marinieren. Inzwischen die Nudeln in kochendem Salzwasser nach Packungsanweisung ca. 5 Min. garen. Abgießen, abschrecken und abtropfen lassen.

2 Den restlichen Knoblauch und die Zwiebel schälen, Knoblauch in Scheibchen, Zwiebel in etwas dickere Ringe schneiden. Frühlingszwiebeln putzen, waschen und in ca. 1 cm lange Stücke schneiden. Sprossen waschen und abtropfen lassen. Die Petersilie waschen, fein hacken.

3 1 EL Öl im Wok erhitzen, Frühlingszwiebeln, Zwiebeln und Knoblauch ca. 1 Min. pfannenrühren, an den Rand schieben. Die Sprossen in 1 weiteren EL Öl ca. 1 Min. pfannenrühren, ebenfalls an den Rand schieben. Das restliche Öl im Wok erhitzen, den Tintenfisch mit Marinade und der Petersilie ca. 2 Min. pfannenrühren. Die Brühe angießen und aufkochen lassen, die Fischsauce und helle Sojasauce dazugeben. Die Nudeln unterheben und mit Salz, Pfeffer und dem Sambal oelek würzen.

Asia-Snack **Hähnchenbrust im Reisteigmantel**

(im Bild vorne)

Für 4 Personen:
150 g Hähnchenbrustfilet
1–2 Möhren (ca. 100 g) | 100 g Zuckerschoten
1 Frühlingszwiebel | 75 g Champignons
3 EL neutrales Pflanzenöl
100 ml Geflügelbrühe (Instant)
3 EL Austernsauce | 1 EL helle Sojasauce
1 Msp. Sambal oelek | Salz | Pfeffer
8 Reisteigblätter

Zubereitungszeit: ca. 1 Std.
Pro Portion: ca. 180 kcal

1 Das Hähnchenbrustfilet kalt abspülen, trockentupfen und klein würfeln. Die Möhren waschen, putzen, schälen und in Stifte schneiden. Zuckerschoten waschen und in ca. 1 cm lange Stücke schneiden. Frühlingszwiebel putzen, waschen, in dünne Ringe schneiden. Pilze trocken abreiben und klein würfeln.

2 1 EL Öl im Wok erhitzen, Möhren und Zuckerschoten ca. 2 Min. pfannenrühren, an den Rand schieben. Frühlingszwiebeln und Pilze ca. 1 Min. pfannenrühren, ebenfalls an den Rand schieben. 1 weiteren EL Öl im Wok erhitzen, das Fleisch ca. 2 Min. pfannenrühren, mit der Brühe ablöschen. Alles zusammenrühren, mit Austern- und Sojasauce, Sambal oelek, Salz und Pfeffer würzen.

3 Die Reisteigblätter einzeln in Wasser ca. 2 Min. einweichen, herausnehmen, trockentupfen. Jeweils 2 EL Füllung in die Mitte geben und länglich verteilen. Die Enden über die Füllung klappen und zusammenrollen.

4 Im Wok oder in einer Pfanne das restliche Öl erhitzen, Teigrollen bei kleiner Hitze darin evtl. portionsweise von allen Seiten goldgelb braten. Mit heller Sojasauce zum Dippen servieren.

Weniger ist mehr!

In der asiatischen Küche ist Fleisch meist eher Beilage als Hauptzutat. Besonders beliebt ist Geflügel, vor allem Ente. Aber auch Rind- und Schweinefleisch wird gern gegessen. Zum Pfannenrühren im Wok brauchen Sie meist nicht besonders viel Fleisch, denn häufig wird auch reichlich Gemüse mitgebraten. Qualität zahlt sich in jedem Fall aus.

Was darf's denn sein?

Geflügelfleisch ist fettarm und hat eine kürzere Garzeit als Rind- oder Schweinefleisch. Fürs Pfannenrühren Brustfilet einkaufen. Lassen Sie sich ganzes Geflügel am besten schon beim Metzger zerteilen. Auch bei Rind- und Schweinefleisch eignet sich fettarmes Filet fürs Braten im Wok am besten. Es hat eine kurze Garzeit und ist besonders zart. Sie können beim Schwein auch Schnitzelfleisch gut verwenden.

Fleisch clever einkaufen und aufbewahren

Achten Sie beim Einkauf nicht in erster Linie auf den Preis. Qualitativ gutes Fleisch und Geflügel kostet ein bisschen mehr. Sie kaufen es am besten auf dem Bauern- oder Wochenmarkt oder bei einem Metzger Ihres Vertrauens. Nehmen Sie lieber etwas weniger an Quantität, dafür mehr an Qualität. Wie beim Gemüse sind auch hier Bioprodukte eine sehr gute und gesunde Alternative. Lagern Sie Fleisch und Gemüse im Kühlschrank immer getrennt voneinander. Vor der Zubereitung empfiehlt es sich, das Fleisch oder das Geflügel unter kaltem Wasser gründlich abzuwaschen und anschließend trockenzutupfen, da eventuelle Knochensplitter vorhanden sein könnten. Bei Filetstücken ist dies jedoch nicht nötig.

Der perfekte Schnitt

Fleisch und Geflügel vor dem Braten im Wok in mundgerechte Stücke schneiden. Asiatische Köche verwenden dafür ein Beil. Damit lässt sich Fleisch besonders fein hacken und vor allem auch ganzes Geflügel gut zerteilen. Ein Tipp: Fleischstücke vor dem Schneiden kurz ins Tiefkühlfach legen. Sie lassen sich dann sogar in hauchdünne Scheiben schneiden.

So gelingt Fleisch perfekt

Generell gilt: Je hochwertiger und kurzfaseriger das Fleisch, desto kürzer die Garzeit. Besonders gut schmeckt mariniertes Fleisch. Dazu das klein geschnittene Fleisch oder Filet für mehrere Stunden entweder in Sojasauce, Austernsauce, Sherry, Rotwein oder Kräutermarinade einlegen und zugedeckt im Kühlschrank durchziehen lassen. Wichtiger Genusstipp: Das zu marinierende Fleisch nie vorab salzen. Denn Salz zieht den Saft aus dem Fleisch, es wird beim Braten dann zu trocken. Mariniertes Fleisch vor dem Braten gut abtropfen lassen. Die restliche Flüssigkeit mit etwas Stärkemehl binden und in die Sauce rühren. Sollten Sie bei Schwein oder Rind statt Filet preiswertere Fleischstücke, z. B. aus der Oberschale nehmen, empfiehlt es sich, dass Sie diese zuerst kochen. Das erkaltete Fleisch dann in kleine Stücke schneiden und in etwas Öl braten. Im Wok lassen sich so auch sehr gut Bratenreste vom Vortag verarbeiten. Tiefgefrorenes Fleisch oder Geflügel vor dem Braten im Wok immer auftauen lassen, am besten im Kühlschrank auf einem Sieb über einer Schüssel. Auftauwasser wegschütten. Aufgetautes Fleisch, vor allem Geflügelfleisch gut abwaschen und anschließend mit Küchenpapier gründlich trockentupfen.

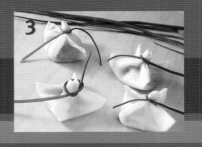

knusprige Vorspeise **Frittierte Wan Tan**

Für 4 Personen:
**8 TK-Teigblätter für Frühlingsrollen
    (20 x 20 cm)**
1 kleine rote Paprikaschote
100 g Sojabohnensprossen
100 g Chinakohl
150 g Hähnchenbrustfilet
1 frische rote Chilischote
2 EL neutrales Pflanzenöl
5 EL Gemüsebrühe (Instant)
5 EL Austernsauce
2 EL Hoi Sin-Sauce (Bohnenpaste)
2 EL dunkle Sojasauce
Salz | Pfeffer
1/2 Bund Schnittlauch
1 l neutrales Pflanzenöl zum Frittieren

Zubereitungszeit: 1 Std. (+ Auftauzeit)
Pro Portion: ca. 290 kcal

1 Die Frühlingsrollenblätter ca. 1 Std. vorher in der Packung auftauen lassen. Inzwischen die Paprika waschen, vierteln, entkernen und in Streifen schneiden. Die Sojabohnensprossen waschen und abtropfen lassen. Den Chinakohl waschen und in 1/2 cm dicke Stückchen schneiden. Das Hähnchenbrustfilet kalt abspülen, trockentupfen und klein schneiden. Die Chili längs aufschlitzen, entkernen, waschen und würfeln.

2 1 EL Öl im Wok erhitzen, die Paprika mit den Sojabohnensprossen und dem Chinakohl ca. 1 Min. pfannenrühren und an den Rand schieben.

3 1 weiteren EL Öl im Wok erhitzen, das Hähnchenfleisch mit den Chilis 3–4 Min. pfannenrühren und ebenfalls an den Rand schieben. Die Gemüsebrühe angießen und die Bratrückstände unter Rühren darin auflösen. Alles zusammenrühren und mit den Würzsaucen, Salz und Pfeffer abschmecken.

4 Die Füllung in einem Sieb abtropfen lassen, dabei die Sauce auffangen. Schnittlauch waschen und trockenschütteln.

5 Von den Frühlingsrollenblättern immer 2 Stück auf einmal abziehen, so dass sie noch zusammenkleben. Jeweils in vier gleich große Quadrate von ca. 10 x 10 cm schneiden. Auf jedes Quadrat gut 1 TL Füllung in die Mitte geben **(Step 1)**. Teigblatt zu einem Säckchen formen. Dazu die vier Teigecken nach oben ziehen **(Step 2)** und mit einem Schnittlauchhalm zusammenbinden **(Step 3)**. Mit den übrigen Frühlingsrollenblättern ebenso verfahren.

6 Das Öl zum Frittieren im Wok erhitzen. Es ist heiß genug, wenn an einem hineingehaltenen Holzkochlöffelstiel kleine Bläschen aufsteigen. Die Wan Tan im heißen Öl portionsweise goldgelb ausbacken.

7 Die abgetropfte Sauce auf vier Teller verteilen und frittierte Wan Tan darauf anrichten.

Chinesische Variante
In Südchina bereitet man die Knuspertäschchen so zu: Für 4 Portionen 250 g TK Wan Tan-Teig (Asienladen) auftauen lassen. 1 Stück frischen Ingwer (ca. 30 g) schälen und ganz fein hacken. 200 g Schweinehackfleisch mit dem Ingwer, Salz, 1 Prise Pfeffer, 1 EL Reiswein, 1 TL Sesam-Würzöl und 1 Ei verkneten und in 24 Portionen teilen. Die Wan Tan-Teigscheiben vorsichtig voneinander lösen und je 1 Portion Hackfleisch in die Mitte einer Teigscheibe geben. Die Teigränder mit etwas Wasser anfeuchten, diagonal zu einem Täschchen zusammenklappen und die Ränder gut festdrücken. 1/2 l neutrales Pflanzenöl im Wok erhitzen und die Wan Tan im heißen Öl portionsweise goldgelb ausbacken. Herausnehmen, auf Küchenpapier abtropfen lassen und mit 2 EL Reisessig zum Dippen servieren.

für Gäste **Knusprige Hähnchenbrust auf Gemüse**

Für 4 Personen:
300 g Hähnchenbrustfilet / 2 EL helle Sojasauce
Pfeffer / 2–3 Möhren (ca. 150 g)
1 rote Paprikaschote / 200 g Zuckerschoten
200 g Mini-Maiskölbchen (aus dem Glas)
2 Frühlingszwiebeln
1/2 l neutrales Pflanzenöl zum Frittieren
100 g Tempuramehl
je 2 EL Fisch- und Austernsauce
1 EL Zucker / 4 EL Reiswein

Zubereitungszeit: ca. 45 Min.
Marinierzeit: 30 Min.
Pro Portion: ca. 430 kcal

1 Das Fleisch kalt abspülen, trockentupfen und in ca. 2 cm große Würfel schneiden. Mit Sojasauce und Pfeffer mischen, ca. 30 Min. marinieren. Inzwischen die Möhren waschen, putzen, schälen und in Stifte schneiden. Paprika waschen, vierteln, entkernen und streifig schneiden. Zuckerschoten waschen. Maiskölbchen abtropfen lassen und längs halbieren. Frühlingszwiebeln waschen, putzen und in feine Ringe schneiden.

2 Frittieröl im Wok erhitzen. Das Tempuramehl mit knapp 1/4 l Wasser zu einem zähflüssigen Teig anrühren. Fleischstücke darin wenden, portionsweise im heißen Öl ausbacken. Herausnehmen, abtropfen lassen, im Ofen warm halten.

3 Das Öl bis auf einen dünnen Film abgießen, Möhren und Paprika ca. 2 Min. im Wok pfannenrühren, die Zuckerschoten und den Mais 1 Min. mitbraten. Frühlingszwiebeln, Fisch- und Austernsauce und Zucker untermischen. Mit dem Reiswein ablöschen, alles ca. 1 Min. pfannenrühren. Mit den Hähnchenstücken servieren.

ganz einfach Geschnetzeltes mit Fenchel

Für 4 Personen:
2 Hähnchenbrustfilets ohne Haut (je ca. 200 g)
2 EL helle Sojasauce
1 EL weiße Sesamsamen
1 Zwiebel | 2 Knoblauchzehen
1 Fenchelknolle (ca. 150 g)
2–3 Möhren (ca. 150 g)
1 Stange Lauch
1 TL Speisestärke
2 EL neutrales Pflanzenöl
100 ml trockener Weißwein
3–4 EL Austernsauce | 1 EL Honig
Salz | Pfeffer

Zubereitungszeit: ca. 40 Min.
Marinierzeit: 2 Std.
Pro Portion: ca. 250 kcal

1 Die Hähnchenfilets kalt abspülen, trockentupfen und in dünne Streifen schneiden. Mit der Sojasauce und dem Sesam vermischen und zugedeckt im Kühlschrank ca. 2 Std. marinieren.

2 Inzwischen die Zwiebel und den Knoblauch schälen und klein hacken. Den Fenchel, die Möhren und den Lauch putzen und waschen bzw. schälen. Den Fenchel und die Möhren in Streifen, den Lauch in Ringe schneiden.

3 Das Hähnchenfleisch aus der Marinade nehmen und abtropfen lassen. Das Fleisch mit der Speisestärke bestäuben und verrühren, so dass keine Flüssigkeit mehr vorhanden ist.

4 1 EL Öl im Wok erhitzen. Fenchel und Möhren darin unter ständigem Rühren 2 Min. braten. Dann den Lauch und die Zwiebel dazugeben, ca. 1 Min. mitbraten. Alles an den Rand schieben.

5 Das restliche Öl im Wok erhitzen, das Fleisch und den Knoblauch unter ständigem Rühren 3–4 Min. anbraten. Mit dem Wein ablöschen und die Marinade unterrühren. Das Gemüse untermischen und alles mit der Austernsauce, dem Honig, Salz und Pfeffer würzen.

für die Wokpfanne Hähnchensaté mit Erdnusssauce

(im Bild rechts)

Für 4 Personen:
2 Hähnchenbrustfilets ohne Haut (je ca. 200 g)
Pfeffer | 2 EL Honig
50 ml helle Sojasauce
1/2 TL Kurkumapulver
1/2 TL Korianderpulver
1/4 TL Chilipulver | 150 g Erdnüsse
2 EL Erdnussöl
1 EL dunkles Sesamöl
100 ml Gemüsebrühe (Instant)
200 ml ungesüßte Kokosmilch (aus der Dose)
150 g Erdnusssauce
   (Fertigprodukt, Asienladen)
12 Holzspieße (je 10–15 cm lang)

Zubereitungszeit: ca. 35 Min.
Marinierzeit: 2 Std.
Pro Portion: ca. 500 kcal

1 Das Hähnchenfleisch kalt abspülen und trockentupfen. Die Hähnchenbrust der Länge nach in ca. 5 mm breite Streifen schneiden und auf die Holzspieße schlangenförmig aufstecken. Mit Pfeffer würzen.

2 Den Honig mit der Sojasauce und den restlichen Gewürzen in einer kleinen Schüssel zu einer Marinade verrühren, die Satéspieße in eine flache Schale legen, die Marinade darüber geben und zugedeckt im Kühlschrank ca. 2 Std. marinieren. Inzwischen die Erdnüsse schälen und grob hacken.

3 Die Spieße aus der Marinade nehmen, abtropfen lassen. Das Erdnussöl und das dunkle Sesamöl in der Wokpfanne erhitzen, die Spieße portionsweise von allen Seiten kurz anbraten. Herausnehmen, die Gemüsebrühe angießen und die Bratrückstände darin auflösen. Kokosmilch angießen.

4 Die Marinade und die Erdnusssauce einrühren. Zwei Drittel der Erdnüsse dazugeben. Die Spieße wieder hineinlegen und zugedeckt ca. 3 Min. leise kochen lassen. Vor dem Servieren die restlichen Erdnüsse darüber streuen.

scharf Pute mit Chilisauce

(im Bild links)

Für 2 Personen:
200 g Putenbrustfilet
je 1 grüne und gelbe Paprikaschote
1–2 frische rote Chilischoten
2 EL neutrales Pflanzenöl
150 ml Gemüsebrühe (Instant)
1 Msp. Sambal oelek
2 EL dunkle Sojasauce
2 EL Honig
2 EL süße Chilisauce
   (Asienladen)

Zubereitungszeit: ca. 30 Min.
Pro Portion: ca. 320 kcal

1 Das Putenfleisch kalt abspülen, trockentupfen und klein schneiden. Die Paprika waschen, vierteln, entkernen und in Streifen schneiden. Die Chilis längs aufschlitzen, entkernen, waschen und klein würfeln. Ein paar Chilistücke zum Garnieren beiseite legen.

2 1 EL Öl im Wok erhitzen, die Paprika ca. 2 Min. pfannenrühren, an den Rand schieben. Das restliche Öl im Wok erhitzen, das Putenfleisch mit den Chilis ca. 3 Min. pfannenrühren, ebenfalls an den Rand schieben.

3 Die Gemüsebrühe angießen, die Bratrückstände darin auflösen. Sambal oelek, Sojasauce, Honig und Chilisauce einrühren, dann alles zusammenrühren und kurz aufkochen lassen. Mit den restlichen Chilistückchen bestreut servieren. Dazu passen Glasnudeln.

scharf **Putencurry mit Süßkartoffeln**

Für 4 Personen:
300 g Süßkartoffeln
300 g Zucchini
2 Frühlingszwiebeln
300 g Putenbrustfilet
2 EL neutrales Pflanzenöl
100 ml Gemüsebrühe (Instant)
100 ml ungesüßte Kokosmilch (aus der Dose)
1 TL Currypaste (am besten Nam-Ya
    Currypaste, Asienladen)
1/2 TL Kurkumapulver
2 EL helle Sojasauce

Zubereitungszeit: ca. 30 Min.
Pro Portion: ca. 210 kcal

1 Die Süßkartoffeln waschen, schälen und in ca. 1 cm große Würfel schneiden. In kochendem Salzwasser in ca. 5 Min. weich kochen. Abgie-ßen und ausdämpfen lassen. Die Zucchini waschen, putzen und in Stifte schneiden. Die Frühlingszwiebeln putzen, waschen und in feine Ringe schneiden. Das Putenfleisch kalt abspülen, trockentupfen und in Streifen schneiden.

2 1 EL Öl im Wok erhitzen, die Zucchini und die Frühlingszwiebeln ca. 1 Min. pfannenrühren, an den Rand schieben. Die Kartoffeln im Wok ca. 1 Min. pfannenrühren, ebenfalls an den Rand schieben.

3 Das restliche Öl im Wok erhitzen, das Fleisch ca. 3 Min. pfannenrühren. Die Gemüsebrühe angießen und die Bratrückstände darin auflösen. Die Kokosmilch dazugießen, die Currypaste, das Kurkumapulver und die Sojasauce einrühren. Alles zusammenrühren. Mit Basmatireis (Seite 45) servieren.

indisch inspiriert **Fruchtiges Putencurry**

Für 4 Personen:
300 g Putenschnitzel
2 Zwiebeln
1 rote Paprikaschote
300 g frische Ananas
1 Banane
4 EL Mandelblättchen
2 EL neutrales Pflanzenöl
200 ml ungesüßte Kokosmilch
  (aus der Dose)
1 TL Currypulver
1 TL Tandooripulver (Asienladen)
Salz
1 TL Speisestärke

Zubereitungszeit: ca. 35 Min.
Pro Portion: ca. 250 kcal

1 Das Putenfleisch kalt abspülen, trockentupfen und in feine Streifen schneiden. Die Zwiebeln schälen und klein würfeln. Die Paprika waschen, vierteln, entkernen und in Streifen schneiden.

2 Die Ananas schälen und ohne den Strunk in kleine Stücke schneiden. Die Banane schälen und in Scheiben schneiden.

3 Die Mandelblättchen in einer kleinen beschichteten Pfanne ohne Fett hellbraun rösten, beiseite stellen.

4 1 EL Öl im Wok erhitzen, die Zwiebeln und die Paprika ca. 1 Min. pfannenrühren, an den Rand schieben. Das restliche Öl im Wok erhitzen, das Putenfleisch ca. 3 Min. pfannenrühren.

5 Die Ananas und die Kokosmilch dazugeben, die Bratrückstände darin auflösen. Dann die Banane und das Curry- und Tandooripulver einrühren, alles zusammenrühren und kurz aufkochen lassen. Mit Salz abschmecken. Bei Bedarf die Speisestärke mit 2 EL Wasser glatt rühren und einrühren. Das Gericht mit den Mandelblättchen bestreut servieren. Dazu passt Basmatireis (Seite 45).

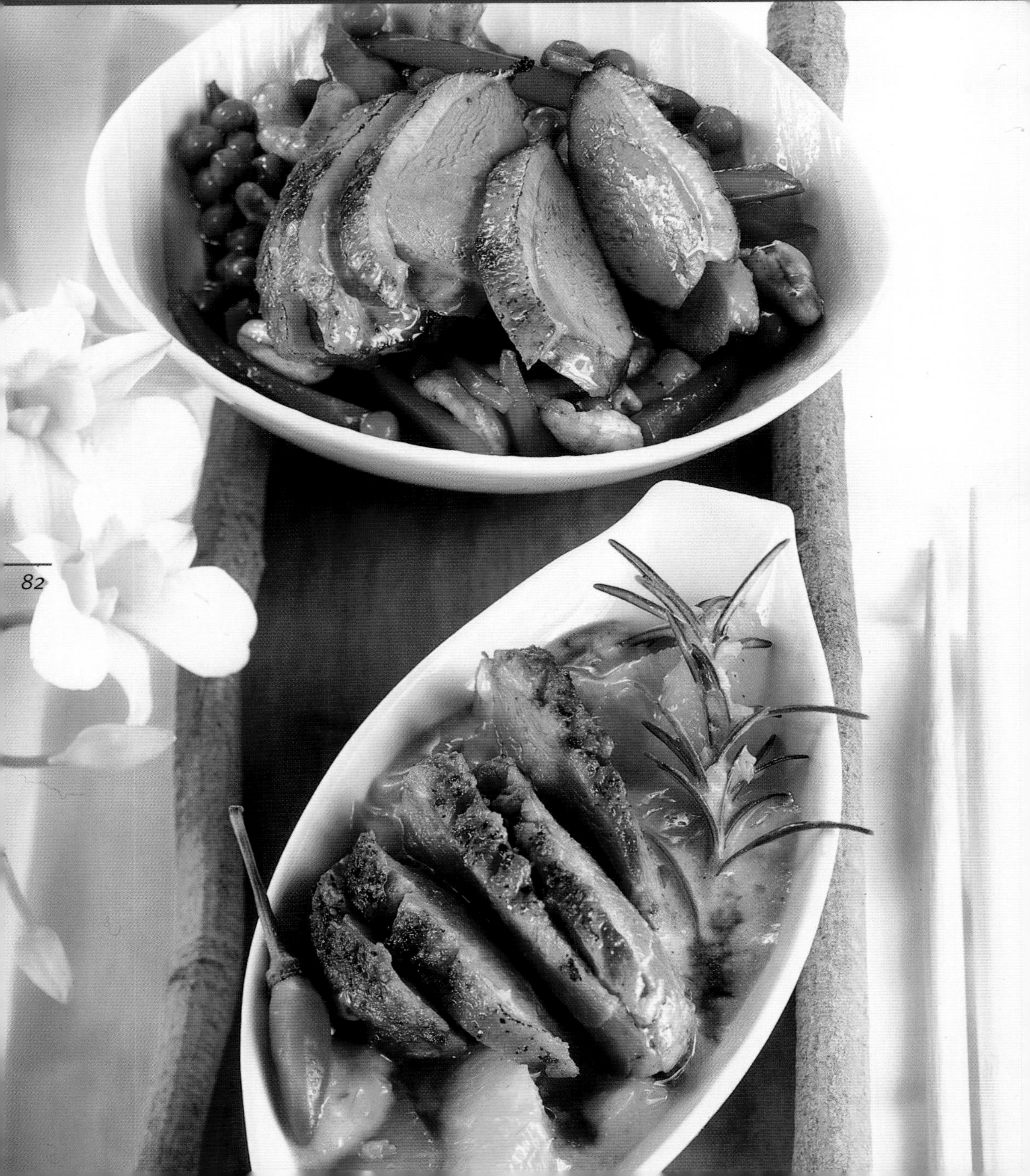

für Gäste **Orangenente**

(im Bild vorne)

Für 4 Personen:
2 Entenbrustfilets mit Haut (je ca. 350 g)
Salz | Pfeffer | 1 Zwiebel
1 frische rote Chilischote | 6 Orangen
1 EL neutrales Pflanzenöl
150 ml trockener Weißwein
2 Zweige frischer Rosmarin | 2 TL Speisestärke
300 ml ungesüßte Kokosmilch (aus der Dose)
2 EL dunkle Sojasauce

Zubereitungszeit: ca. 50 Min.
Pro Portion: ca.: 510 kcal

1 Filets kalt abspülen und trockentupfen. Die Haut rautenförmig einschneiden, Filets mit Salz und Pfeffer einreiben. Zwiebel schälen und klein würfeln. Chili längs aufschlitzen, entkernen, waschen und würfeln. 2 Orangen so schälen, dass auch die weiße Innenhaut entfernt wird, Filets zwischen den Trennhäuten herausschneiden, den Saft dabei auffangen. Übrige Orangen auspressen, so dass Sie ca. 250 ml Saft erhalten.

2 Das Öl im Wok erhitzen, die Entenbrüste zuerst auf der Hautseite 6–7 Min. anbraten, dann wenden und weitere 4–5 Min. braten. Herausnehmen, in Alufolie wickeln, im Ofen warm halten. Fett bis auf einen kleinen Rest abgießen.

3 Zwiebel und Chili im Wok 2–3 Min. pfannenrühren. Orangensaft und Wein angießen, die Bratrückstände darin auflösen, 4–5 Min. leise kochen lassen. Rosmarin dazugeben, alles weitere 3–4 Min. leise kochen lassen. Die Stärke mit 2 EL Wasser glatt rühren, in die Sauce rühren und einmal aufkochen lassen. Kokosmilch und Orangenfilets mit Saft einrühren, alles mit Salz, Pfeffer und dunkler Sojasauce würzen. Ente aus dem Ofen nehmen, in ca. 1/2 cm dicke Scheiben schneiden. Mit dem Bratsaft in die Sauce geben. Zugedeckt 5 Min. ziehen lassen.

gut vorzubereiten **Knusperente**

(im Bild hinten)

Für 4 Personen:
2 Entenbrustfilets (je ca. 200 g)
2–3 Möhren (ca. 150 g) | 100 g Knollensellerie
100 g Lauch | 1 Stück frischer Ingwer (ca. 50 g)
1/2 Bund glatte Petersilie
Salz | Pfeffer | 2 EL Honig
1/2 l neutrales Pflanzenöl zum Frittieren
100 g TK-Erbsen | 100 g Cashewkerne
2 EL dunkle Sojasauce | 1 Msp. Sambal oelek
5 EL Austernsauce
2 EL Dipsauce für Pekingente (Asienladen)
1/2 TL Fünf-Gewürz-Pulver

Zubereitungszeit: ca. 1 Std.
Zeit zum Trocknen: 15–20 Min.
Pro Portion: ca.: 595 kcal

1 Entenbrüste kalt abspülen und trockentupfen. 1 Möhre, den Sellerie und den Lauch putzen und waschen bzw. schälen und grob schneiden. Ingwer schälen, Petersilie waschen. In einen großen Topf ca. 1 l Wasser füllen, Entenbrüste mit Gemüse, Ingwer und Petersilie hineingeben, 45 Min. leise kochen lassen. Entenbrüste aus der Brühe nehmen, abkühlen lassen. Trockentupfen, salzen, pfeffern und mit dem Honig bestreichen. An einem luftigen Ort 15–20 Min. trocknen lassen.

2 Die Entenbrühe durch ein feines Sieb gießen und ca. 100 ml beiseite stellen. Die restlichen Möhren schälen und in Stifte schneiden.

3 Das Öl zum Frittieren im Wok erhitzen. Die Entenbrüste darin goldgelb frittieren und warm halten. Das Öl bis auf einen dünnen Film abgießen. Möhren und unaufgetaute Erbsen im Wok ca. 2 Min. pfannenrühren, an den Rand schieben. Entenbrühe angießen, Cashews, Würzsaucen und Fünf-Gewürz-Pulver einrühren, alles kurz aufkochen lassen. Entenfleisch in Scheiben schneiden und auf dem Gemüse anrichten.

Klassiker Rindfleisch mit Austernsauce

(im Bild vorne)

Für 4 Personen:
**600 g Rinderfilet | 3 EL helle Sojasauce
3 EL dunkle Sojasauce | 2 Msp. Sambal oelek
1 TL Speisestärke | 1 grüne Paprikaschote
4 Frühlingszwiebeln | 2 Knoblauchzehen
1 Stück frischer Ingwer (ca. 20 g)
3 EL neutrales Pflanzenöl | 4 EL Fleischbrühe
5 EL Austernsauce | 1 Prise Zucker**

Zubereitungszeit: ca. 45 Min.
Marinierzeit: 2 Std.
Pro Portion: ca. 300 kcal

1 Das Rinderfilet trockentupfen und in dünne Streifen schneiden. In eine Schüssel geben und mit der Hälfte der Sojasaucen und 1 Msp. Sambal oelek mischen. Das Fleisch zugedeckt im Kühlschrank ca. 2 Std. marinieren. Dann die Speisestärke über das Fleisch stäuben und unterrühren.

2 Die Paprika waschen, putzen, entkernen und in dünne Streifen schneiden. Die Frühlingszwiebeln putzen, waschen und in ca. 1 cm dicke Ringe schneiden. Knoblauch und Ingwer schälen und fein hacken.

3 1 EL Öl im Wok erhitzen, die Paprika ca. 2 Min. pfannenrühren, an den Rand schieben. 1 weiteren EL Öl im Wok erhitzen, die Frühlingszwiebeln, den Knoblauch und den Ingwer ca. 1 Min. pfannenrühren. Ebenfalls an den Rand schieben.

4 Das restliche Öl im Wok erhitzen und das Fleisch darin unter ständigem Rühren ca. 3 Min. braten. Alles zusammenrühren. Die Brühe, die Austernsauce, den Zucker, die restlichen Sojasaucen und das Sambal oelek dazugeben. Nochmals kurz aufkochen lassen. Dazu schmeckt Basmatireis (Seite 45).

herzerwärmend Asiatische Rindfleischsuppe

(im Bild hinten)

Für 4 Personen:
**400 g Rindfleisch
1 Stück frischer Ingwer (ca. 20 g)
1 frische rote Chilischote
2 Stangen Zitronengras
100 g Brokkoli
8 Shiitake-Pilze
100 g Maiskörner (aus der Dose)
2 EL neutrales Pflanzenöl
1 Dose ungesüßte Kokosmilch (400 ml)
1/2 l Fleischbrühe (Instant)
3–4 Kaffir-Limettenblätter
Salz | Pfeffer**

Zubereitungszeit: ca. 40 Min.
Pro Portion: ca. 270 kcal

1 Das Rindfleisch in ca. 1 1/2 cm große Würfel schneiden. Den Ingwer schälen, die Chili längs aufschlitzen, entkernen und waschen, beides fein würfeln. Die äußeren harten Blätter vom Zitronengras entfernen, den unteren Teil jeweils in feine Ringe schneiden. Brokkoli waschen und in sehr kleine Röschen teilen. Die Pilze trocken abreiben und vierteln. Den Mais abtropfen lassen.

2 Das Öl im Wok erhitzen, die Fleischwürfel in 2 Portionen darin unter ständigem Rühren braun braten. Ingwer, Chili und Zitronengras kurz mitbraten, dann das restliche Gemüse dazugeben. Kokosmilch und Fleischbrühe angießen, die Limettenblätter dazugeben.

3 Die Suppe zugedeckt ca. 10 Minuten leise kochen lassen. Mit Salz und Pfeffer würzen.

macht was her **Pikantes Rindfleisch**

Für 4 Personen:
1 rote Paprikaschote / 200 g Zucchini
200 g Bambussprossen in Streifen
(aus dem Glas oder aus der Dose)
300 g Rinderfilet
1/2 Bund frischer Koriander
2 EL neutrales Pflanzenöl / Pfeffer
200 ml ungesüßte Kokosmilch (aus der Dose)
1/2–1 TL Sambal manis
2 TL Korianderpulver
1 TL Kreuzkümmelpulver
1/2 TL Kurkumapulver / Salz

Zubereitungszeit: ca. 40 Min.
Pro Portion: ca. 165 kcal

1 Die Paprika waschen, vierteln, entkernen und in Streifen schneiden. Die Zucchini waschen, putzen und in Stifte schneiden. Die Bambus-sprossen abtropfen lassen. Das Rinderfilet trockentupfen und in dünne Streifen schneiden. Den Koriander waschen, trockenschütteln und fein hacken.

2 1 EL Öl im Wok erhitzen, die Paprika und Zucchini 2–3 Min. pfannenrühren, an den Rand schieben. 1 weiteren EL Öl im Wok erhitzen, das Fleisch dazugeben. Ohne Rühren 1–2 Min. braten, dabei mit Pfeffer würzen. Danach erst wenden und fertig braten.

3 Die Kokosmilch angießen, die Bratrückstände darin auflösen. Die Bambussprossen dazu-geben. Alles zusammenrühren und ca. 3 Min. leise kochen lassen. Mit Sambal manis, Korian-der, Kreuzkümmel, Kurkuma und Salz würzen. Mit Koriander bestreut servieren. Dazu passt Basmatireis (Seite 45).

scharf **Rotes Rindfleischcurry**

Für 4 Personen:
400 g Rinderfilet
1 Zwiebel
3 Knoblauchzehen
2 Frühlingszwiebeln
100 g Chinakohl
200 g Bambussprossen in Streifen
  (aus dem Glas oder aus der Dose)
3 EL Erdnussöl
1 Dose ungesüßte Kokosmilch (400 ml)
1–2 EL rote Currypaste (Asienladen)
3–4 Kaffir-Limettenblätter
3 EL Fischsauce
2 EL helle Sojasauce

Zubereitungszeit: ca. 30 Min.
Pro Portion: ca. 240 kcal

1 Das Fleisch trockentupfen und in feine Streifen schneiden. Die Zwiebel und den Knoblauch schälen und klein würfeln. Die Frühlingszwiebeln waschen, putzen und in ca. 1 cm dicke Ringe schneiden. Den Chinakohl waschen und in ca. 1 cm lange Streifen schneiden. Die Bambussprossen in einem Sieb gründlich abtropfen lassen.

2 1 EL Öl im Wok erhitzen erhitzen. Die Zwiebelwürfel und den Knoblauch darin ca. 1 Min. pfannenrühren, an den Rand schieben. 1 weiteren EL Öl im Wok erhitzen, den Chinakohl und die Frühlingszwiebeln 1 Min. pfannenrühren, ebenfalls an den Rand schieben.

3 Das restliche Öl erhitzen, das Rindfleisch unter ständigem Rühren ca. 3 Min. braten.

4 Die Kokosmilch zum Fleisch gießen, die Currypaste einrühren und die Limettenblätter dazugeben. Mit der Fischsauce und der Sojasauce abschmecken. Die Bambussprossen dazugeben, alles zusammenrühren und 4–5 Min. leise kochen lassen. Dazu passt Basmatireis (Seite 45).

macht was her **Rindfleisch mit Shiitake-Pilzen**

(im Bild hinten)

Für 2 Personen:
300 g Rinderfilet
200 g Shiitake-Pilze
250 g Blattspinat
1 Zwiebel
2 Knoblauchzehen
1 Stück frischer Ingwer (30 g)
3 Frühlingszwiebeln
2 EL neutrales Pflanzenöl
150 ml Gemüsebrühe (Instant)
1 EL Hoi Sin-Sauce (Bohnenpaste)
2 EL helle Sojasauce
1/2 TL Fünf-Gewürz-Pulver
Salz | Pfeffer

Zubereitungszeit: ca. 30 Min.
Pro Portion: ca. 320 kcal

1 Das Fleisch trockentupfen und in feine Streifen schneiden. Die Pilze trocken abreiben und längs halbieren. Den Spinat waschen, verlesen und abtropfen lassen. Zwiebel, Knoblauch und Ingwer schälen und klein würfeln. Die Frühlingszwiebeln waschen, putzen und in ca. 1 cm lange Stücke schneiden.

2 1 EL Öl im Wok erhitzen. Die Zwiebeln, den Knoblauch, den Ingwer und die Frühlingszwiebeln ca. 1 Min. pfannenrühren, an den Rand schieben. Das restliche Öl im Wok erhitzen, das Rindfleisch darin ca. 3 Min. unter ständigem Rühren braten.

3 Die Pilze und den Spinat dazugeben und kurz mitbraten. Die Gemüsebrühe angießen, die Hoi Sin-Sauce, die Sojasauce und das Fünf-Gewürz-Pulver dazugeben und alles kurz aufkochen lassen. Mit Salz und Pfeffer abschmecken und ca. 3 Min. leise kochen lassen. Dazu passt Basmatireis (Seite 45).

ungewöhnlich **Madeira-Rind mit Austernsauce**

(im Bild vorne)

Für 2 Personen:
200 g Rinderfilet | 2–3 EL trockener Madeira
1/2 TL Speisestärke | 250 g Chinakohl
3 Stangen Staudensellerie (ca. 150 g)
150 g Zuckerschoten | 2 Frühlingszwiebeln
1 kleine grüne Chilischote | 2 EL Erdnussöl
1 EL Cashewkerne | 150 ml Fleischbrühe
3 EL Austernsauce | 2 EL Hoi Sin-Sauce
2 EL helle Sojasauce | 1/2 TL Fünf-Gewürz-Pulver
1 EL frisch gehacktes Thai-Basilikum

Zubereitungszeit: ca. 30 Min.
Marinierzeit: 2 Std.
Pro Portion: ca. 370 kcal

1 Rindfleisch klein schneiden und mindestens 2 Std. im Madeira marinieren. Dann das Fleisch herausnehmen und gut abtropfen lassen. Mit der Speisestärke bestäuben und verrühren, so dass keine Flüssigkeit mehr vorhanden ist.

2 Den Chinakohl und den Sellerie waschen, putzen und in Streifen schneiden. Die Zuckerschoten waschen und abtropfen lassen. Frühlingszwiebeln und die Chilischote waschen und in feine Scheiben schneiden.

3 1 EL Öl im Wok erhitzen, die Frühlingszwiebeln, den Stangensellerie und die Zuckerschoten darin ca. 3 Min. braten, den Chinakohl dazugeben und 2 Min. mitbraten. Alles an den Rand schieben.

4 1 weiteren EL Öl in den Wok geben und das Fleisch zusammen mit den Nüssen und der Chilischote 3–4 Min. darin braten. Mit der Brühe ablöschen. Mit der Austernsauce, der Hoi Sin-Sauce, der Sojasauce und dem Fünf-Gewürz-Pulver abschmecken. Alles zusammenrühren und kurz aufkochen lassen. Mit dem Thai-Basilikum bestreut servieren.

Klassiker **Schweinefleisch süßsauer**

Für 4 Personen:
150 g Ananas in Stücken + 100 ml Saft
(aus der Dose)
1/2 Salatgurke (ca. 200 g)
200 g kleine Tomaten | 200 g Schweinefilet
2 EL neutrales Pflanzenöl | 2 EL Mangochutney
2 EL Apfelessig | 2 EL Honig | Salz
1 EL helle Sojasauce | 1 TL Speisestärke

Zubereitungszeit: ca. 35 Min.
Pro Portion: ca. 210 kcal

1 Die Ananas abtropfen lassen, den Saft dabei
auffangen. Die Gurke waschen, schälen, längs
halbieren. Mit einem Löffel die Kerne herauskratzen, die Gurke in ca. 1/2 cm dicke Scheiben
schneiden. Die Tomaten waschen und vierteln,
dabei die Stielansätze entfernen. Das Fleisch
trockentupfen und in feine Streifen schneiden.

2 1 EL Öl im Wok erhitzen, das Fleisch ca. 3 Min.
pfannenrühren, an den Rand schieben. Ananasstücke und -saft in den Wok geben, die Bratrückstände unter Rühren darin auflösen. Die Gurke
und die Tomaten dazugeben und kurz aufkochen
lassen. Alles zusammenrühren.

3 Das Mangochutney unterrühren. Den Essig,
den Honig, Salz und die Sojasauce dazugeben
und aufkochen lassen. Die Speisestärke mit
2 EL Wasser glatt rühren und unterrühren.

Clever genießen

Sie können für dieses Rezept auch andere **Gemüsesorten** verwenden oder das Filet durch einen **Backteig** (siehe Seite 22) ziehen und
es dann im Fett schwimmend ausbacken.
Auf Küchenpapier entfetten, warm halten und
auf dem fertigen Gemüse anrichten.

ganz einfach Schweinefleisch nach Szechuan-Art

Für 4 Personen:
40 g getrocknete Mu-Err-Pilze
1 TL Szechuanpfeffer | 400 g Schweinefilet
2–3 Möhren (ca. 150 g) | 1 grüne Paprikaschote
2 Frühlingszwiebeln
1 Gemüsezwiebel (ca. 200 g) | 1 Knoblauchzehe
100 g Bambussprossen in Streifen
  (aus dem Glas oder aus der Dose)
3 EL neutrales Pflanzenöl | 3 EL dunkle Sojasauce
1 TL Worcestershire Sauce
2–3 EL Kung Po-Sauce
  (scharfe Bohnensauce; Asienladen)

Zubereitungszeit: ca. 40 Min.
Pro Portion: ca. 230 kcal

1 Die Pilze ca. 30 Min. in kaltem Wasser einweichen. Abgießen, das Wasser dabei auffangen und 150 ml davon abmessen. Inzwischen den Szechuanpfeffer ohne Fett rösten, bis er zu duften beginnt. Im Mörser zerdrücken. Das Fleisch trockentupfen, in dünne Streifen schneiden.

2 Möhren waschen, putzen, schälen und in Stifte schneiden. Paprika waschen, putzen und streifig schneiden. Frühlingszwiebeln putzen, waschen und schräg in 2–3 cm große Stücke schneiden. Die Gemüsezwiebel schälen, halbieren und streifig schneiden. Knoblauch schälen und klein hacken. Sprossen abtropfen lassen.

3 1 EL Öl im Wok erhitzen. Möhren und Gemüsezwiebel 2–3 Min. pfannenrühren, an den Rand schieben. Paprika und Frühlingszwiebeln hineingeben, 2–3 Min. pfannenrühren, ebenfalls an den Rand schieben. 1 weiterer EL Öl im Wok erhitzen, die Pilze darin 2–3 Min. braten. Sprossen, Knoblauch und Frühlingszwiebeln 1 Min. mitdünsten, alles an den Rand schieben.

4 Restliches Öl in den Wok geben, Fleisch darin knusprig braten. Mit dem Einweichwasser der Pilze ablöschen, Sojasauce, Worcestershire Sauce, Kung Po-Sauce und Szechuanpfeffer dazugeben. Aufkochen lassen, alles zusammenrühren.

macht was her **Spareribs in Kokossauce**

(im Bild hinten)

Für 4 Personen:
2 EL Honig | 2 EL Zitronensaft
4 EL Tomatenketchup
1–1 1/2 kg Spareribs (vom Metzger in
   fingerlange Stücke hacken lassen)
Salz | Pfeffer
2 EL neutrales Pflanzenöl
200 ml ungesüßte Kokosmilch
   (aus der Dose)
100 ml Fleischbrühe (Instant)
1/4 TL Chilipulver
1/2 TL Korianderpulver
1/2 TL Kurkumapulver
50 ml helle Sojasauce
1 EL grüner Pfeffer aus dem Glas
1 EL Speisestärke | 1 EL Kokosflocken

Zubereitungszeit: ca. 1 Std.
Marinierzeit: 1 Std.
Pro Portion: ca. 400 kcal

1 Den Honig mit dem Zitronensaft und 2 EL Ketchup verrühren. Die Rippchen salzen und pfeffern und mit der Marinade bestreichen. Im Kühlschrank ca. 1 Std. marinieren.

2 Das Öl im Wok erhitzen, die Spareribs portionsweise in je 10–12 Min. bei mittlerer Hitze braun braten. Zurück in den Wok geben, die Kokosmilch und die Fleischbrühe dazugießen. Aufkochen lassen und das Chilipulver, den Koriander, Kurkuma, die Sojasauce und den grünen Pfeffer einrühren. Zugedeckt bei mittlerer Hitze 25 Min. schmoren. Dann offen bei starker Hitze noch 5–7 Min. garen.

3 Die Speisestärke mit 2 EL Wasser glatt rühren und untermischen. Eventuell noch einmal abschmecken. Mit den Kokosflocken bestreuen und servieren.

Klassiker **Chop Suey**

(im Bild vorne)

Für 4 Personen:
150 g grüne Bohnen | 2–3 Möhren (ca. 150 g)
200 g Sojabohnensprossen
1 Stange Staudensellerie | 2 Frühlingszwiebeln
1 Zwiebel | 1 Knoblauchzehe
400 g Schweinefilet | 1/2 Bund glatte Petersilie
3 EL neutrales Pflanzenöl
150 ml Hühnerbrühe (Instant)
3 EL dunkle Sojasauce | 1 TL Speisestärke
1 TL Zucker | Salz | Pfeffer

Zubereitungszeit: ca. 45 Min.
Pro Portion: ca. 240 kcal

1 Die Bohnen waschen, putzen und in kochendem Salzwasser 3–4 Min. blanchieren. Abgießen, abtropfen lassen und eiskalt abschrecken.

2 Die Möhren waschen, putzen, schälen und in Stifte schneiden. Sprossen waschen und abtropfen lassen. Den Sellerie putzen, waschen und ohne Grün in ca. 1 cm lange, dünne Stifte schneiden. Frühlingszwiebeln putzen, waschen und schräg in ca. 1 cm lange Stücke schneiden. Zwiebel und Knoblauch schälen und klein würfeln. Das Fleisch trockentupfen und in feine Streifen schneiden. Petersilie waschen und klein hacken.

3 1 EL Öl im Wok erhitzen, die Möhren und die Bohnen ca. 2 Min. pfannenrühren, an den Rand schieben. 1 weiteren EL Öl erhitzen, Sojasprossen, Sellerie und Frühlingszwiebeln 1 Min. pfannenrühren, ebenfalls an den Rand schieben.

4 Restliches Öl im Wok erhitzen, Zwiebel und Knoblauch ca. 1 Min. andünsten, an den Rand schieben. Das Fleisch ca. 3 Min. anbraten. Brühe und Sojasauce angießen. Die Stärke in 2 EL Wasser glatt rühren, untermischen. Mit dem Zucker, Salz und Pfeffer würzen, kurz aufkochen lassen. Alles zusammenrühren. Mit Petersilie bestreuen.

Asiatische Kohlrouladen

(im Bild vorne)

Für 4 Personen:
200 g Schweinehackfleisch
1/2–1 TL Sambal oelek | 1 TL helle Sojasauce
1/2 TL dunkles Sesamöl
1 Prise frisch geriebene Muskatnuss
Salz | Pfeffer | 2 Eier (Größe S)
50 ml ungesüßte Kokosmilch (aus der Dose)
2 EL Semmelbrösel
2 EL Weizenmehl
2–3 Möhren (ca. 150 g)
150 g Knollensellerie
1 Kopf Chinakohl

Zubereitungszeit: ca. 1 Std.
Pro Portion: ca. 160 kcal

1 Das Hackfleisch in einer Schüssel mit dem Sambal oelek, der hellen Sojasauce, dem Sesamöl, je 1 kräftigen Prise Muskat, Salz und Pfeffer, den Eiern, der Kokosmilch, den Semmelbröseln und dem Mehl verkneten, bis eine streichfähige Masse entstanden ist.

2 Die Möhren und den Sellerie putzen, schälen und auf der Gemüsereibe fein reiben. Unter die Hackfleischmasse kneten. Masse nochmals kräftig abschmecken.

3 Vom Chinakohl die Blätter einzeln abziehen, waschen und mit ca. 1 EL Hackfleischmasse bestreichen, dabei am Rand ca. 1 cm frei lassen. Diesen Rand über die Masse schlagen, damit nichts auslaufen kann, dann zusammenrollen **(Step 1)** und mit Küchengarn fixieren.

4 Die Rouladen in einen Dämpfeinsatz legen **(Step 2)**. Im Wok 1/4 l Wasser erhitzen, den Einsatz mit den Rouladen hineinstellen **(Step 3)** und zugedeckt eventuell in 2 Portionen in ca. 20 Min. dämpfen. Dazu passen Salzkartoffeln.

Schweinefleisch mit Erdnüssen

(im Bild hinten)

Für 2 Personen:
350 g Schweinefilet
1 Bund Frühlingszwiebeln
50 g geschälte Erdnusskerne
2 EL neutrales Pflanzenöl
1 Dose ungesüßte Kokosmilch (400 ml)
1 TL Speisestärke
1/2 TL Sambal manis
2 EL Austernsauce
1 EL helle Sojasauce
Salz | Pfeffer

Zubereitungszeit: ca. 25 Min.
Pro Portion: ca. 460 kcal

1 Das Schweinefilet trockentupfen und in feine Streifen schneiden. Die Frühlingszwiebeln putzen, waschen und schräg in ca. 1 cm lange Stücke schneiden. Die Erdnüsse grob hacken, ein Drittel beiseite stellen.

2 1 EL Öl im Wok erhitzen, das Fleisch unter ständigem Rühren ca. 3 Min. braten. Nach ca. 2 Min. die Frühlingszwiebeln und die Erdnüsse dazugeben und kurz mitbraten. Die Kokosmilch angießen, die Bratrückstände darin unter Rühren auflösen.

3 Die Speisestärke mit 2 EL Wasser glatt rühren und untermischen. Alles einmal aufkochen lassen. Das Sambal manis, die Austernsauce und die Sojasauce unterrühren. Alles mit Salz und Pfeffer abschmecken und mit den restlichen Erdnüssen bestreut servieren. Dazu passt gebratener Gemüsereis (Seite 51).

gut **vorzubereiten Lamm**
mit Pak Choi
(im Bild hinten)

Für 2 Personen:
600 g Lammfleisch (aus der Keule)
400 g Pak Choi (ersatzweise Mangold)
1 kleine Zwiebel | 6 Knoblauchzehen
1 Stück frischer Ingwer (ca. 30 g)
1–2 frische rote Chilischoten
1/2 Bund frischer Koriander
2 EL neutrales Pflanzenöl
1 Dose ungesüßte Kokosmilch (400 ml)
1–2 EL mittelscharfer Senf
1 EL Korianderpulver | 1 EL Kreuzkümmelpulver
1 EL helle Sojasauce | Salz | Pfeffer

Zubereitungszeit: ca. 25 Min.
Schmorzeit: ca. 30 Min.
Pro Portion: ca. 860 kcal

1 Das Lammfleisch trockentupfen und in 1–2 cm
große Würfel schneiden. Den Pak Choi waschen,
trockentupfen und in ca. 1 cm dicke Streifen
schneiden. Die Zwiebel, den Knoblauch und
den Ingwer schälen und fein würfeln. Die Chilis
längs aufschlitzen, entkernen, waschen und in
feine Streifen schneiden. Den Koriander waschen, trockenschütteln und klein hacken.

2 Das Pflanzenöl im Wok erhitzen und die Zwiebeln, den Knoblauch und den Ingwer darin andünsten. Das Lammfleisch und die Chili dazugeben und von allen Seiten anbraten. 200 ml
Kokosmilch angießen, den Senf, die Gewürze und
die Sojasauce dazugeben und zugedeckt 1/2 Std.
leise kochen lassen, bis das Fleisch weich ist.

3 Dann den Pak Choi und die restliche Kokosmilch unterrühren und mit Korianderpulver,
Kreuzkümmel, Sojasauce und Salz und Pfeffer
nochmals abschmecken. Weitere 2 Min. leise
kochen lassen. Mit dem Koriander bestreut
servieren. Dazu passt Basmatireis (Seite 45).

für **Gäste Lammcurry**
(im Bild vorne)

Für 4 Personen:
600 g Lammgulasch | 400 g Süßkartoffeln
200 g Cocktailtomaten
200 g Thai-Auberginen
6 Schalotten | 3 Knoblauchzehen
2 EL neutrales Pflanzenöl
400 ml ungesüßte Kokosmilch (aus der Dose)
3 EL helle Sojasauce
2 TL Currypulver | 1 TL Korianderpulver
1 TL Kreuzkümmelpulver
1/2 TL Kurkumapulver | Salz | Pfeffer

Zubereitungszeit: ca. 50 Min.
Pro Portion: ca. 350 kcal

1 Das Lammgulasch trockentupfen. Die Kartoffeln waschen, schälen und in 1–2 cm große
Würfel schneiden. Die Tomaten waschen und je
nach Größe halbieren oder vierteln. Die Thai-
Auberginen putzen, waschen und längs halbieren. Die Schalotten und den Knoblauch schälen und fein würfeln.

2 Das Öl im Wok erhitzen und die Schalotten
und den Knoblauch darin andünsten. Das
Lammfleisch dazugeben und von allen Seiten
anbraten. Die Kokosmilch angießen und zugedeckt ca. 20 Min. leise kochen lassen, bis
das Fleisch fast weich ist.

3 Die Kartoffeln, Tomaten und Auberginen
dazugeben und alles weitere 10 Min. leise
kochen lassen. Mit der Sojasauce und den Gewürzen abschmecken. Dazu passt Couscous.

Tauschbörse
Statt der Thai-Auberginen kann man auch
normale Auberginen verwenden. Diese waschen, putzen und in ca. 1–2 cm große Würfel
schneiden. Die Süßkartoffeln lassen sich durch
vorwiegend fest kochende Kartoffeln ersetzen.

Fisch & Meeresfrüchte

Am besten frisch an Land gezogen

In der asiatischen Küche spielen Fisch und Meeresfrüchte eine wichtige Rolle. Vor allem in Japan werden die Delikatessen aus dem Meer viel häufiger gegessen als beispielsweise Fleisch oder Geflügel. Fisch ist besonders bekömmlich, hat ein zartes Fleisch und kann im Wok auf unterschiedlichste Art zubereitet werden – er schmeckt gebraten, gedünstet, gedämpft, geschmort, gebacken, frittiert, als Frikadelle oder auch einfach mal in einer Suppe gekocht.

Fisch clever einkaufen und aufbewahren

Beim Einkauf unbedingt auf Frische achten! Frischen Fisch erkennen Sie an den Augen: Sie müssen klar sein und leicht hervorstehen. Wenn Sie den Fisch mit dem Finger drücken, darf keine Druckstelle zurückbleiben. Die Kiemen sollten rot und feucht aussehen. Fisch darf auf gar keinen Fall riechen oder gar Verfärbungen haben. Beim Fischhändler oder im großen Supermarkt sollte Fisch auf Eis angeboten werden. Am besten lassen Sie ganze Fische gleich im Geschäft von den Schuppen befreien oder filetieren. Ein guter Fischhändler bietet Ihnen diesen Service gern an. An heißen Tagen sollten Sie Fisch nur gut gekühlt nach Hause transportieren. Lassen Sie sich vom Fischhändler etwas Eis mit in die Tüte packen oder tragen Sie den Fisch gut verpackt in einer Kühltasche nach Hause.

Ob Kotelett oder Filet: Fisch verdirbt schnell. Bereiten Sie Fisch deshalb am besten gleich am Einkaufstag zu. Wenn nötig können Sie ihn in Klarsichtfolie gewickelt im Kühlschrank aufbewahren, jedoch nicht länger als einen Tag. Wenn Sie keinen frischen Fisch bekommen, können Sie auch Tiefkühlware verwenden. Der gefrorene Fisch hat meist gute Qualität, da er schon bald nach dem Fang, oft noch direkt auf den Fangschiffen verarbeitet und eingefroren wird. TK-Fisch lassen Sie am besten über Nacht im Kühlschrank auftauen, dann bleibt das Fleisch schön saftig.

So gelingen Fisch und Meeresfrüchte perfekt!

Für das Garen im Wok eignen sich sowohl Süßwasser- und Salzwasserfische, Krusten- und Schalentiere wie Garnelen und auch Meeresfrüchte wie Calamares oder Muscheln. Frische ganze Fische und auch rohe Meeresfrüchte sollten Sie vor der Zubereitung erst einmal unter fließend kaltem Wasser gründlich waschen. Dies ist bei Fischfilets nicht nötig. Gegarte und geschälte Garnelen in Salzlake oder Muscheln aus dem Glas gut abtropfen lassen und nach Belieben auch abspülen. Fischfilets eventuell mit den Fingern noch auf Gräten untersuchen. Wenn Sie Gräten aufspüren, lassen sich diese ganz leicht mit einer Pinzette entfernen.

Fürs Pfannenrühren im Wok wird der Fisch dann in mundgerechte Stücke geschnitten, nach Belieben vorher auch gesalzen oder gepfeffert und mit Zitronensaft beträufelt. Sie können den Delikatessen aus Fluss und Meer auch schon vorab eine asiatische Note verleihen und sie pikant marinieren, beispielsweise in einer Mischung aus Currypaste und Sojasauce. Appetitlich knusprig werden Fischstücke, wenn Sie sie im Wok frittieren. Dazu festes Fischfilet in Stücke schneiden, Stücke durch einen Backteig (Rezept Seite 117) oder Tempurateig (Rezept Seite 115) ziehen und in heißem Öl goldgelb ausbacken. Fischkoteletts und ganze Fische lassen sich im Wok auch hervorragend dämpfen. Das Fleisch bleibt dabei schön saftig, die Nährstoffe werden bei dieser Zubereitungsart besonders geschont.

für den Dämpfeinsatz Gedämpfte Krabben-Wan Tan

Für 4 Personen:
250 g TK-Wan-Tan-Teigblätter
  (Asienladen)
1–2 Möhren (ca. 100 g)
1/2 rote Paprikaschote
1 Stange Lauch
1 frische rote Chilischote
150 g Sojabohnensprossen
200 g kleine geschälte gegarte
  Garnelen oder Krabben
2 EL neutrales Pflanzenöl
100 ml Gemüsebrühe (Instant)
2 EL dunkle Sojasauce
2 TL dunkles Sesamöl
Salz | Pfeffer
1/2 Bund Schnittlauch
Öl zum Einfetten

Zubereitungszeit: ca. 50 Min. (+ Auftauzeit)
Pro Portion: ca. 330 kcal

1 Den Wan Tan-Teig auftauen lassen. Die Möhren waschen, putzen, schälen und in Stifte schneiden. Die Paprika waschen, putzen und klein schneiden. Den Lauch putzen, längs halbieren, waschen und sehr fein hacken. Die Chili längs aufschlitzen, entkernen, waschen und klein würfeln. Die Sprossen waschen und abtropfen lassen. Die Garnelen trockentupfen.

2 1 EL Öl im Wok erhitzen, die Möhren und die Paprika ca. 1–2 Min. pfannenrühren, an den Rand schieben. Den Lauch, die Chili und die Sprossen im Wok ca. 1 Min. pfannenrühren, dann ebenfalls an den Rand schieben.

3 Das restliche Öl im Wok erhitzen und die Garnelen darin unter ständigem Rühren ca. 1/2 Min. braten. Die Brühe angießen, alles zusammenrühren und mit der Sojasauce, dem Sesamöl und Salz und Pfeffer abschmecken.

4 Die Gemüse-Garnelen-Füllung in einem Sieb abtropfen lassen, dabei die Sauce auffangen. Schnittlauch waschen und trockenschütteln.

5 Die Wan Tan-Teigblätter vorsichtig voneinander lösen, die Teigquadrate nebeneinander legen. Auf jedes Quadrat jeweils 1 TL Füllung in die Mitte geben, Teigblatt zu einem Säckchen formen. Dazu die vier Teigecken nach oben ziehen und mit einem Schnittlauchhalm zusammenbinden. Mit den übrigen Teigblättern ebenso verfahren.

6 Im Wok ca. 1/4 l Wasser aufkochen lassen. Den Boden eines Dämpfeinsatzes mit etwas Öl einfetten. Die fertigen Wan Tan hineinsetzen. Den Dämpfeinsatz in den Wok stellen und – falls nötig in 2 Portionen – zugedeckt bei mittlerer Hitze 10–15 Min. dämpfen.

7 Die abgetropfte Sauce auf vier Teller verteilen und die fertigen Wan Tan darauf anrichten.

Besonders *clever!*

*Man kann sich mühelos einen **Dämpfeinsatz** **selber bauen**: Legen Sie einfach 4 Essstäbchen über Kreuz in den Wok und stellen Sie darauf einen Teller.*

knusprige Vorspeise **Gebackene Garnelen**

Für 4 Personen:
Für die gebackenen Garnelen:
100 g Mehl
50 g Speisestärke
1/4 Päckchen Trockenhefe (ca. 3 g)
Salz | Zucker
400 g geschälte rohe Garnelen
3–4 EL Zitronensaft
700 ml neutrales Pflanzenöl zum Frittieren
Für den Dip:
je 100 g Magerquark und 100 g Joghurt
1 EL Olivenöl
2 Knoblauchzehen
Pfeffer
edelsüßes Paprikapulver

Zubereitungszeit: ca. 30 Min.
Ruhezeit: 1 Std.
Pro Portion: ca. 390 kcal

1 Für den Teig das Mehl, die Speisestärke und die Trockenhefe mit ca. 130 ml Wasser und je 1 Prise Salz und Zucker glatt rühren. Teig zugedeckt ca. 1 Std. gehen lassen.

2 Inzwischen die Garnelen kalt abspülen, trockentupfen und mit dem Zitronensaft beträufeln, nach Belieben leicht salzen. Für den Dip den Quark und den Joghurt mit dem Olivenöl glatt rühren. Den Knoblauch schälen und dazupressen. Den Dip mit Salz, Pfeffer und Paprika abschmecken.

3 Das Öl zum Frittieren im Wok erhitzen. Es ist heiß genug, wenn an einem hineingehaltenen Holzkochlöffelstiel kleine Bläschen aufsteigen. Die Garnelen einzeln durch den Backteig ziehen und im heißen Öl knusprig ausbacken. Die Garnelen mit dem Dip servieren.

für Gäste **Thai-Fischsuppe**

Für 4 Personen:
**250 g Fischfilet
   (z. B. Kabeljau oder Rotbarsch)
1 Schalotte
1 Knoblauchzehe
1 Frühlingszwiebel
1 Stange Zitronengras
1 EL neutrales Pflanzenöl
1 Glas Fischfond (400 ml)
200 ml ungesüßte Kokosmilch
   (aus der Dose)
1 EL Fischsauce
1 EL Reisessig
Salz | Pfeffer
1–2 EL frisch gehackter Dill**

Zubereitungszeit: ca. 25 Min.
Pro Portion: ca. 160 kcal

1 Das Fischfilet kalt abspülen, trockentupfen und würfeln. Die Schalotte und den Knoblauch schälen und beides fein würfeln. Die Frühlingszwiebel putzen, waschen und schräg in 1 cm lange Stücke schneiden. Vom Zitronengras die äußeren harten Blätter entfernen, den unteren Teil in feine Ringe schneiden.

2 Das Öl im Wok erhitzen und die Schalotten und den Knoblauch darin glasig dünsten. Die Fischwürfel dazugeben, ca. 1 Min. mitbraten. Frühlingszwiebeln und Zitronengras einrühren, Fischfond und Kokosmilch angießen.

3 Die Fischsauce und den Reisessig unterrühren und alles zugedeckt 5 Min. leise kochen lassen. Mit Salz und Pfeffer würzen. Mit dem Dill bestreut servieren.

scharf Tintenfisch-Garnelen-Kung Po

(im Bild links)

Für 4 Personen:
500 g Brokkoli | Salz
250 g küchenfertige Tintenfischtuben
250 g geschälte gegarte Garnelen
1 Bund Frühlingszwiebeln | 1 Zwiebel
2 Knoblauchzehen | 2 frische rote Chilischoten
3 EL neutrales Pflanzenöl
200 ml ungesüßte Kokosmilch (aus der Dose)
3 EL Kung Po-Sauce
   (scharfe Bohnensauce; Asienladen)
2 EL helle Sojasauce | 1 TL Honig

Zubereitungszeit: ca. 30 Min.
Pro Portion: ca. 210 kcal

1 Den Brokkoli putzen, in Röschen zerteilen und waschen. In kochendem Salzwasser 2 Min. blanchieren, abgießen, eiskalt abschrecken und gut abtropfen lassen. Den Tintenfisch und die Garnelen kalt abspülen und gut trockentupfen. Den Tintenfisch in Ringe schneiden **(Step 1)**.

2 Die Frühlingszwiebeln putzen, waschen und in Ringe schneiden. Die Zwiebel schälen und grob würfeln. Den Knoblauch schälen und klein würfeln. Die Chilis längs aufschlitzen, entkernen **(Step 2)**, waschen und klein würfeln.

3 1 EL Öl im Wok erhitzen. Den Brokkoli ca. 2 Min. pfannenrühren, an den Rand schieben. Die Frühlingszwiebeln und Zwiebeln in den Wok geben und in 1 weiterem EL Öl glasig dünsten. Ebenfalls an den Rand schieben.

4 Das restliche Öl im Wok erhitzen, den Tintenfisch und die Garnelen mit dem Knoblauch und den Chilis ca. 5 Min. pfannenrühren **(Step 3)**. Dann die Kokosmilch und die Kung Po-Sauce einrühren. Alles zusammenrühren und mit der Sojasauce, dem Honig und Salz würzen.

für Gäste Gebratener Tintenfisch

(im Bild rechts)

Für 4 Personen:
600 g küchenfertige Tintenfischringe
4–5 Knoblauchzehen | 3–4 EL Zitronensaft
2 rote Zwiebeln | 150 g Zuckerschoten
1 kleiner Zucchino (ca. 150 g)
1/2 Bund glatte Petersilie
3 EL neutrales Pflanzenöl | 200 ml Fischfond
   (aus dem Glas; ersatzweise Gemüsebrühe)
1 EL Tomatenmark | 1 EL Fischsauce
2 EL helle Sojasauce
1 Msp. Sambal oelek | Salz | Pfeffer

Zubereitungszeit: ca. 40 Min.
Pro Portion: ca. 270 kcal

1 Tintenfische kalt abspülen, trockentupfen und in eine Schüssel geben. 2 Knoblauchzehen schälen und dazupressen. 2 EL Zitronensaft untermischen. Tintenfische ca. 30 Min. marinieren.

2 Inzwischen restlichen Knoblauch und Zwiebeln schälen und in Scheiben schneiden. Zuckerschoten und Zucchino waschen und putzen. Zuckerschoten in Stücke, Zucchino in Scheiben schneiden. Petersilie waschen und fein hacken.

3 1 EL Öl im Wok erhitzen, Knoblauch, Zwiebeln und Zuckerschoten ca. 2 Min. pfannenrühren, an den Rand schieben. 1 weiteren EL Öl im Wok erhitzen, Zucchini ca. 1 Min. pfannenrühren, ebenfalls an den Rand schieben. Das restliche Öl im Wok erhitzen, Tintenfische mit der Hälfte der Petersilie ca. 2 Min. pfannenrühren.

4 Fischfond angießen, das Tomatenmark einrühren. Alles zusammenrühren und aufkochen lassen, Fischsauce, Sojasauce und Sambal oelek einrühren. Mit dem restlichen Zitronensaft und Salz und Pfeffer würzen. Mit der restlichen Petersilie bestreut servieren.

raffiniert **Meeresfrüchte-Curry**

(im Bild vorne)

Für 4 Personen:
500 g gemischte TK-Meeresfrüchte
Salz | 1 Süßkartoffel (ca. 250 g)
2 Knoblauchzehen
1 Stück frischer Ingwer (ca. 30 g)
1 Zucchino (ca. 250 g) | 1 rote Paprikaschote
1/2 Bund glatte Petersilie
1 EL neutrales Pflanzenöl
100 ml Gemüsebrühe (Instant)
1 Dose ungesüßte Kokosmilch (400 ml)
1 TL Currypaste (am besten Nam-Ya
   Currypaste, Asienladen)
3 EL Austernsauce
2 EL helle Sojasauce

Zubereitungszeit: ca. 45 Min. (+ Auftauzeit)
Pro Portion: ca. 215 kcal

1 Die Meeresfrüchte auftauen lassen. Dann in reichlich kochendem Salzwasser ca. 2 Min. blanchieren, abgießen und gut abtropfen lassen. Die Süßkartoffel schälen und in ca. 1 cm große Würfel schneiden. In reichlich kochendem Salzwasser in ca. 5 Min. weich kochen, abgießen und abtropfen lassen.

2 Knoblauch und Ingwer schälen und fein würfeln. Zucchino waschen, putzen und in ca. 1 cm große Würfel schneiden. Die Paprika waschen, putzen und in feine Streifen schneiden. Die Petersilie waschen, trockenschütteln und fein hacken. 1 EL Öl im Wok erhitzen, den Knoblauch und die Zwiebeln darin kurz andünsten. Die Meeresfrüchte dazugeben und ca. 2 Min. mitbraten.

3 Zucchini, Ingwer, Paprika und Kartoffeln dazugeben und kurz mitdünsten. Gemüsebrühe und Kokosmilch angießen, mit Currypaste und Würzsaucen abschmecken. Alles einmal aufkochen lassen. Mit Petersilie bestreut servieren.

für Gäste **Meeresfrüchte aus dem Wok**

(im Bild hinten)

Für 2 Personen:
500 g gemischte TK-Meeresfrüchte
Salz | 3 Knoblauchzehen
1 Zwiebel
1 Stück Salatgurke (ca. 150 g)
2 Tomaten
1/2 Bund frischer Koriander
2 EL neutrales Pflanzenöl
100 ml Gemüsebrühe (Instant)
5 EL Austernsauce
1 EL Fischsauce
2 EL dunkle Sojasauce
1 Msp. Sambal oelek
Pfeffer

Zubereitungszeit: ca. 25 Min. (+ Auftauzeit)
Pro Portion: ca. 350 kcal

1 Die Meeresfrüchte auftauen lassen. Dann in reichlich kochendem Salzwasser ca. 2 Min. blanchieren. Abgießen und gut abtropfen lassen. Den Knoblauch und die Zwiebel schälen und fein würfeln. Die Gurke und die Tomaten waschen, putzen und in ca. 1 cm große Würfel schneiden. Den Koriander waschen, trockenschütteln und fein hacken.

2 1 EL Öl im Wok erhitzen und den Knoblauch und die Zwiebeln darin andünsten. Die Meeresfrüchte dazugeben und unter ständigem Rühren ca. 2 Min. mitbraten.

3 Die Gurke und die Tomaten dazugeben und kurz mitdünsten. Die Gemüsebrühe angießen. Mit den Würzsaucen und den Gewürzen abschmecken. Mit dem Koriander bestreuen und sofort servieren.

gut vorzubereiten # Garnelen mit Mu-Err-Pilzen

Für 4 Personen:
40 g getrocknete Mu-Err-Pilze
400 g geschälte gegarte Garnelen
3–4 EL Zitronensaft
2 Frühlingszwiebeln I 4 Knoblauchzehen
1 Stück frischer Ingwer (ca. 30 g)
2 EL neutrales Pflanzenöl
150 ml Gemüsebrühe (Instant)
5 EL Austernsauce I 2 EL helle Sojasauce
1 Msp. Sambal oelek
Salz I Pfeffer
1 EL frisch gehackte Petersilie

Zubereitungszeit: ca. 30 Min.
Pro Portion: ca. 180 kcal

1 Die Pilze in reichlich Wasser ca. 20 Min. ein-weichen. Die Garnelen kalt abspülen, trocken-tupfen und mit dem Zitronensaft beträufeln.

2 Die Frühlingszwiebeln putzen und waschen, den Knoblauch und den Ingwer schälen und mit den Zwiebeln in feine Scheiben bzw. Ringe schneiden. Die Pilze abgießen, abtropfen las-sen und in Streifen schneiden.

3 1 EL Öl im Wok erhitzen und die Frühlings-zwiebeln, den Knoblauch und den Ingwer darin ca. 1 Min. braten, an den Rand schieben. Das restliche Öl im Wok erhitzen, die Garnelen un-ter ständigem Rühren je nach Größe 2–4 Min. braten.

4 Die Gemüsebrühe angießen, die Pilze unter-rühren. Die Austern- und Sojasauce und das Sambal oelek einrühren und einmal aufkochen lassen. Mit Salz und Pfeffer abschmecken und mit Petersilie bestreut servieren. Dazu passen Basmatireis (Seite 45) oder Glasnudeln.

pikant **Knoblauchkrabben**

Für 4 Personen:
5 Knoblauchzehen
400 g in Öl eingelegte Krabben
1 Salatgurke (ca. 400 g)
4 kleine Tomaten
150 ml Gemüsebrühe (Instant) | 1 EL Fischsauce
5 EL Austernsauce | 2 EL dunkle Sojasauce
1 Msp. Sambal oelek | 1 EL Speisestärke

Zubereitungszeit: ca. 35 Min.
Marinierzeit: 2 Std.
Pro Portion: ca. 260 kcal

1 Den Knoblauch schälen und in feine Würfel schneiden. Die Krabben mit dem Öl und dem Knoblauch 2 Std. marinieren.

2 Die Gurke waschen, schälen und längs halbieren, Kerne herauskratzen. Die Gurkenhälften in 1/2 cm dicke Scheiben schneiden. Tomaten waschen und vierteln, die Stielansätze entfernen.

3 Die marinierten Krabben abtropfen lassen. Die Krabben mit dem Knoblauch in den Wok geben und ca. 1/2 Min. pfannenrühren. Die Gemüsebrühe dazugießen, die Bratrückstände darin auflösen. Die Gurken und die Tomaten dazugeben und unterrühren.

4 Die Würzsaucen einrühren und alles einmal aufkochen lassen. Die Speisestärke mit 2 EL Wasser glatt rühren und untermischen. Alles 2–3 Min. leise kochen lassen. Dazu passen Instant-Mie-Nudeln.

Besonders *clever!*

Noch schneller geht's, wenn Sie fertig eingelegte **Krabben in Knoblauchöl** *verwenden.*

für Gäste **Riesengarnelen mit Ingwer und Knoblauch**

(im Bild hinten)

Für 2 Personen:
400 g rohe Riesengarnelen
2–3 Möhren (ca. 150 g) | 150 g Zuckerschoten
100 g Chinakohl | 150 g Sojabohnensprossen
2 Knoblauchzehen
1 großes Stück frischer Ingwer (50 g)
3 EL neutrales Pflanzenöl
100 ml Gemüsebrühe (Instant)
1 EL Fischsauce
1 EL Austernsauce
2 EL dunkle Sojasauce
1 Msp. Sambal oelek
Salz | Pfeffer

Zubereitungszeit: ca. 30 Min.
Pro Portion: ca. 480 kcal

1 Die Garnelen gründlich waschen und trockentupfen. Die Möhren waschen, putzen, schälen und in feine Stifte schneiden. Die Zuckerschoten und den Chinakohl waschen, den Chinakohl in 1 cm dicke Streifen schneiden. Die Sojasprossen waschen und abtropfen lassen. Knoblauch und Ingwer schälen und fein würfeln.

2 1 EL Öl im Wok erhitzen. Die Möhren und die Zuckerschoten 2–3 Min. pfannenrühren, an den Rand schieben. 1 weiteren EL Öl im Wok erhitzen, Chinakohl und Sojasprossen unter ständigem Rühren 1–2 Min. braten, ebenfalls an den Rand schieben.

3 Das restliche Öl im Wok erhitzen, Ingwer und Knoblauch darin anbraten, an den Rand schieben. Die Garnelen im Wok unter ständigem Rühren ca. 2 Min. braten, dann die Brühe angießen. Alles zusammenrühren, erhitzen und mit den Gewürzsaucen, Sambal oelek und Salz und Pfeffer abschmecken. Dazu passen knusprig gebratene chinesische Eiernudeln.

ganz einfach **Krabben mit Rührei**

(im Bild vorne)

Für 2 Personen:
200 g geschälte gegarte Krabben
6 Eier
2 EL ungesüßte Kokosmilch (aus der Dose)
1 EL helle Sojasauce
1 Msp. Sambal oelek
Salz | Pfeffer
1 kleiner Zucchino (ca. 100 g)
1/2 Zwiebel (ca. 50 g)
2 EL neutrales Pflanzenöl
1 EL Schnittlauchröllchen

Zubereitungszeit: ca. 25 Min.
Pro Portion: ca. 460 kcal

1 Die Krabben trockentupfen. Die Eier mit der Kokosmilch, der Sojasauce, dem Sambal oelek, Salz und Pfeffer verquirlen. Den Zucchino waschen, putzen und in Stifte schneiden. Die Zwiebel schälen und fein würfeln.

2 1 EL Öl im Wok erhitzen, Zucchinistifte ca. 1 Min. pfannenrühren, an den Rand schieben. Die Zwiebelwürfel dazugeben und glasig dünsten, ebenfalls an den Rand schieben.

3 Das restliche Öl im Wok erhitzen, die Krabben darin ganz kurz pfannenrühren. Dann die Eimasse darüber gießen und unter ständigem Rühren stocken lassen. Alles zusammenrühren und eventuell nochmals mit Salz und Pfeffer abschmecken. Mit dem Schnittlauch bestreut servieren.

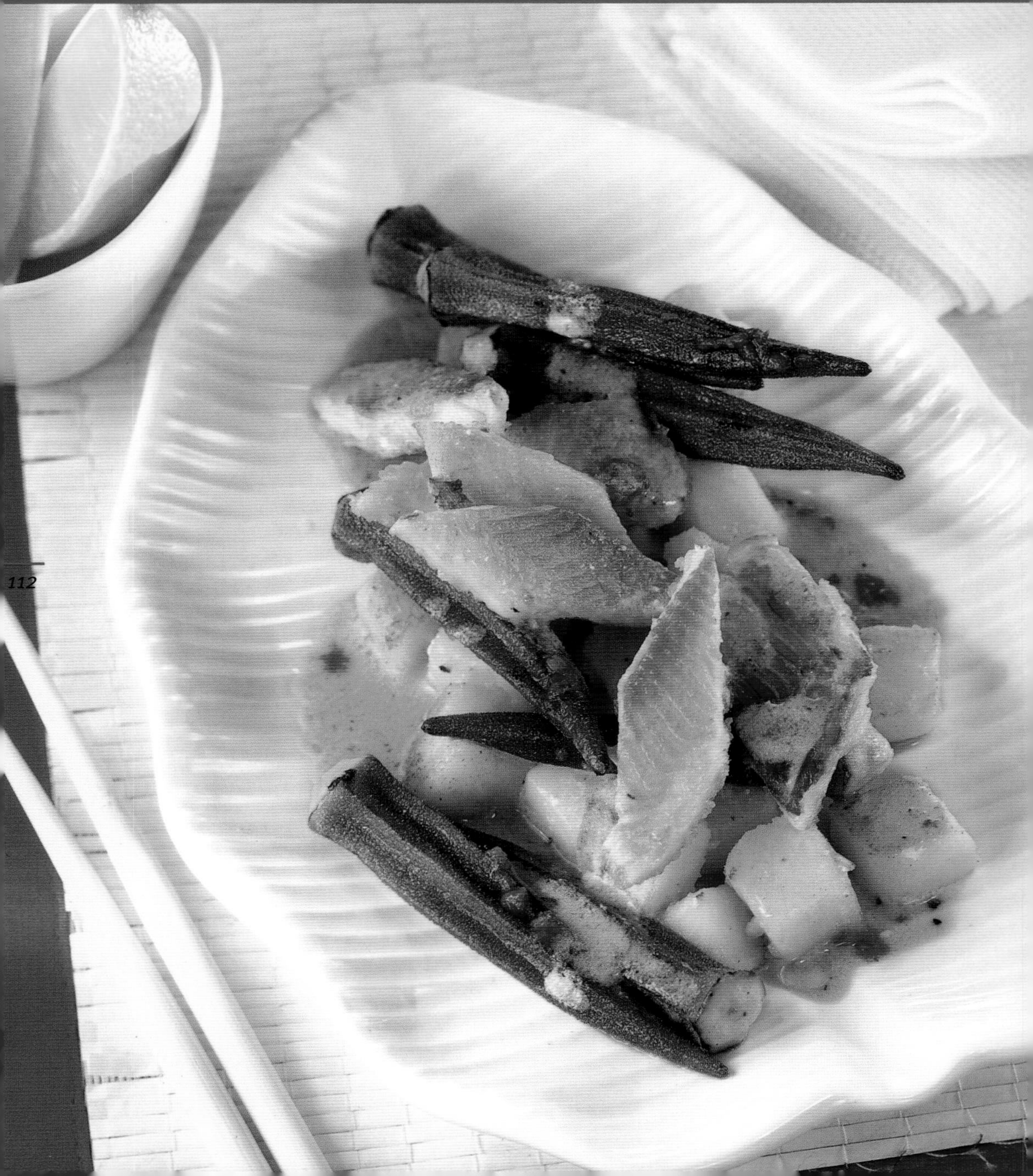

ungewöhnlich **Forellenfilet im Wok**

Für 2 Personen:
2 geräucherte Forellenfilets
(je ca. 150 g)
200 g Okraschoten | Salz
400 g vorwiegend fest kochende Kartoffeln
2 EL neutrales Pflanzenöl
100 ml Gemüsebrühe (Instant)
100 g Joghurt
2 EL Austernsauce
1 EL helle Sojasauce
1 Msp. Sambal oelek
2–3 EL Zitronensaft
Pfeffer

Zubereitungszeit: ca. 45 Min.
Pro Portion: ca. 620 kcal

1 Von den Forellenfilets die Haut abziehen, die Forellen in kleine Stücke schneiden.

2 Die Okraschoten waschen und mit einem Messer am Stielansatz wie einen Bleistift zuspitzen, dabei die Frucht nicht verletzen. Danach in kochendem Salzwasser ca. 10 Min. blanchieren. Abgießen und abtropfen lassen.

3 Die Kartoffeln waschen, schälen und in ca. 1 cm dicke Würfel schneiden. In reichlich kochendem Salzwasser in 15 Min. gar kochen. Abgießen und abtropfen lassen.

4 Das Öl im Wok erhitzen. Die Kartoffeln und Okras 2–3 Min. pfannenrühren und an den Rand schieben.

5 Die Gemüsebrühe angießen. Den Joghurt, die Würzsaucen und das Sambal oelek dazugeben und alles einmal aufkochen lassen. Wok vom Herd nehmen. 2 EL Zitronensaft dazugeben. Alles zusammenrühren, die Forellenstücke vorsichtig einlegen, kurz ziehen lassen. Mit Zitronensaft, Salz und Pfeffer abschmecken.

Clever vorbereiten

Beim **Putzen der Okraschoten** unbedingt darauf achten, dass sie unverletzt bzw. geschlossen bleiben. Sonst sondern die Schoten beim Kochen einen milchig-klebrigen Gallert ab, der zwar geschmacksneutral, aber nicht jedermanns Sache ist. Darum die Okraschoten am Stielansatz bleistiftförmig zuschneiden – bei einem geraden Schnitt würde die Flüssigkeit auslaufen. Damit die Okras später beim Kochen nicht platzen, sollten Sie sie nach dem Putzen bis zur Verwendung in Zitronenwasser legen.

Clever genießen

Okraschoten einmal ganz pur genießen: 400 g Okraschoten wie beschrieben waschen und putzen. 1–2 Knoblauchzehen schälen und klein würfeln. 1 frische rote Chilischote längs aufschlitzen, entkernen und ebenfalls klein würfeln. 2 EL Olivenöl im Wok erhitzen, den Knoblauch und die Chilischote darin 1–2 Min. braten. Die Okraschoten dazugeben und unter ständigem Rühren in 3–4 Min. knusprig braten. Als Appetithäppchen servieren.

Tauschbörse

Wer Räucherfisch nicht mag, kann ihn problemlos durch **frisches, festfleischiges Fischfilet** – z. B. Kabeljau – ersetzen. In diesem Fall legen Sie den rohen Fisch in Würfeln wie beschrieben ein, stellen den Wok auf die abgeschaltete, noch warme Herdplatte zurück und lassen den Fisch in wenigen Minuten gar ziehen.
200–300 g **Zucchini** oder feine **grüne Bohnen** sind ein geeigneter Ersatz für die Okraschoten. Die Zucchini waschen, putzen und in ca. 1 cm dicke Scheiben schneiden. Wie im Rezept beschrieben, zusammen mit den Kartoffeln pfannenrühren. Die Bohnen waschen, putzen und in reichlich kochendem Salzwasser 1–2 Min. blanchieren. In ein Sieb abgießen, gründlich abtropfen lassen, mit den Kartoffeln pfannenrühren.

Klassiker **Fisch süßsauer**

(im Bild hinten)

Für 4 Personen:
200 g Brokkoli | Salz
400 g Seelachsfilet | Pfeffer
2–3 Möhren (ca. 150 g)
1/2 gelbe Paprikaschote
700 ml neutrales Pflanzenöl zum Frittieren
100 g Tempuramehl
200 g Ananas in Stücken + 150 ml Saft
  (aus der Dose)
2 EL Mangochutney | 2 EL Apfelessig
2 EL Honig | 2 EL Tomatenketchup
1 EL helle Sojasauce | 1 TL Speisestärke

Zubereitungszeit: ca. 1 Std.
Pro Portion: ca. 400 kcal

1 Brokkoli waschen, in Röschen zerteilen und in kochendem Salzwasser ca. 2 Min. blanchieren. Abgießen und abtropfen lassen. Den Fisch trockentupfen, in ca. 2 cm große Würfel schneiden und mit Pfeffer würzen. Die Möhren waschen, putzen, schälen und in Stifte schneiden. Paprika waschen, putzen, in feine Streifen schneiden.

2 Das Öl zum Frittieren im Wok erhitzen. Das Tempuramehl mit ca. 1/4 l Wasser zu einem zähflüssigen Teig verrühren. Fischstücke darin wenden und portionsweise im heißen Öl ausbacken. Herausnehmen, abtropfen lassen, warm halten.

3 Öl bis auf einen dünnen Film abgießen. Brokkoli und Möhren im Wok ca. 2 Min. pfannenrühren, an den Rand schieben. Die Paprika ca. 1 Min. pfannenrühren, ebenfalls an den Rand schieben. Ananassaft und -stücke dazugeben, im Saft die Bratrückstände auflösen. Chutney, Essig, Honig, Ketchup, Salz und die Sojasauce einrühren, alles aufkochen lassen. Die Stärke mit 2 EL Wasser glatt rühren und untermischen. 2–3 Min. leise kochen lassen. Fischstücke obenauf legen.

fruchtig **Kabeljau mit Mango**

(im Bild vorne)

Für 4 Personen:
600 g Kabeljaufilet | 4 EL Zitronensaft
1 Schalotte | 1 Stange Staudensellerie
1 Banane | 1 Orange | 2 Scheiben frische Ananas
1 kleine Mango | 1/2 l trockener Weißwein
1/2 l Gemüsebrühe (Instant) | Salz | 2 EL Butter
200 g Sahne | 1 EL mildes Currypulver
1 EL Honig | weißer Pfeffer

Zubereitungszeit: ca. 40 Min.
Pro Portion: ca. 510 kcal

1 Den Kabeljau kalt abspülen, trockentupfen und mit der Hälfte des Zitronensafts beträufeln. Die Schalotte schälen und fein würfeln. Den Sellerie waschen, putzen und ohne Grün in feine Scheiben schneiden. Die Banane und Orange schälen und mit der Ananas in Stücke bzw. Scheiben schneiden. Banane mit etwas Zitronensaft beträufeln. Mango schälen **(Step 1)**, das Fruchtfleisch in Spalten vom Stein schneiden **(Step 2)**. Die Hälfte davon fein pürieren **(Step 3)**. Die andere Hälfte in Scheiben schneiden.

2 Weißwein und Brühe erhitzen, etwas Salz dazugeben und den Fisch darin in ca. 8 Min. gar ziehen lassen. Herausnehmen und warm halten. Vom Kochsud 100 ml abmessen.

3 Den Wok erhitzen, die Butter darin schmelzen lassen. Die Schalotte und den Staudensellerie darin andünsten. Sahne und Fischsud angießen, mit dem Curry, dem Honig, etwas Salz und Pfeffer abschmecken und kurz aufkochen lassen.

4 Die Früchte und das Mangomus in die Flüssigkeit geben, aufkochen lassen, dann den restlichen Zitronensaft einrühren. Zum Servieren die Früchte auf vier Teller verteilen und je 1 Stück Fisch darauf setzen.

gut vorzubereiten **Kabeljau mit Gemüse**

Für 4 Personen:
400 g Kabeljaufilet | Pfeffer
3 EL helle Sojasauce
1/2 TL Currypaste (am besten
  Nam-Ya Currypaste, Asienladen)
1 Stange Lauch
150 g Bambussprossen in Streifen
  (aus dem Glas oder aus der Dose)
2 EL neutrales Pflanzenöl
150 ml Gemüsebrühe (Instant)
150 ml ungesüßte Kokosmilch
  (aus der Dose)
3 EL Austernsauce
1/2 TL Fünf-Gewürz-Pulver
Salz

Zubereitungszeit: ca. 25 Min.
Marinierzeit: 2 Std.
Pro Portion: ca. 160 kcal

1 Die Kabeljaufilets kalt abspülen, trockentupfen, in ca. 2 cm dicke große Würfel schneiden und mit Pfeffer würzen. 2 EL Sojasauce mit 1/4 TL Currypaste verrühren, die Fischwürfel darin im Kühlschrank 2 Std. marinieren.

2 Den Lauch putzen, längs halbieren, waschen und in ca. 2 cm große Rauten schneiden. Die Bambussprossen abtropfen lassen. 1 EL Öl im Wok erhitzen, den Lauch ca. 2 Min. pfannenrühren, an den Rand schieben. Das restliche Öl im Wok erhitzen, den Fisch kurz darin anbraten.

3 Gemüsebrühe und Kokosmilch angießen und die Bratrückstände darin auflösen. Restliche Sojasauce und Currypaste sowie Austernsauce und Fünf-Gewürz-Pulver einrühren, die Bambussprossen dazugeben. Alles einmal aufkochen lassen, eventuell mit Salz und Pfeffer abschmecken.

ganz einfach Frittierter Kabeljau mit Chilisauce

Für 4 Personen:
100 g Mehl | 50 g Speisestärke
1/4 Päckchen Trockenhefe (ca. 3 g) | Salz
Zucker | 400 g Kabeljaufilet | Pfeffer
2 rote Paprikaschoten | 1 große Stange Lauch
1–2 frische rote Chilischoten
700 ml neutrales Pflanzenöl zum Frittieren
150 ml Gemüsebrühe (Instant)
1 EL helle Sojasauce
1/2 TL Fünf-Gewürz-Pulver
1–2 EL Chilisauce (Asienladen)

Zubereitungszeit: ca. 60 Min.
Ruhezeit: 1 Std.
Pro Portion: ca. 330 kcal

1 Für den Teig Mehl, Speisestärke, Hefe und je 1 Msp. Salz und Zucker mit ca. 130 ml Wasser glatt verrühren. Zugedeckt 1 Std. gehen lassen.

2 Fischfilet kalt abspülen, trockentupfen, in ca. 2 cm dicke Würfel schneiden und mit

Pfeffer würzen. Die Paprika waschen, putzen und in feine Streifen schneiden. Den Lauch putzen, längs halbieren, waschen und in ca. 2 cm große Rauten schneiden. Die Chilis längs aufschlitzen, entkernen, waschen und klein würfeln.

3 Das Öl zum Frittieren im Wok erhitzen. Es ist heiß genug, wenn an einem hineingehaltenen Holzkochlöffelstiel kleine Bläschen aufsteigen. Die Fischstücke in den Backteig rühren und portionsweise im heißen Öl goldgelb ausbacken. Auf Küchenpapier abtropfen lassen und im Backofen warm halten.

4 Das Öl bis auf einen dünnen Film aus dem Wok gießen. Die Paprika darin ca. 2 Min. pfannenrühren, an den Rand schieben. Lauch und Chilis ca. 1 Min. pfannenrühren, an den Rand schieben. Gemüsebrühe angießen, die Bratrückstände darin auflösen. Sojasauce, Fünf-Gewürz-Pulver und Chilisauce einrühren, mit Salz abschmecken. Gemüse und Fisch sofort servieren.

gut vorzubereiten Scharfe Fischbällchen

(im Bild rechts)

Für 4 Personen:
500 g Rotbarschfilet
3 EL Speisestärke
1 Eiweiß
1 Msp. Sambal oelek
Salz | Pfeffer
1 Zwiebel
2 frische rote Chilischoten
3 Knoblauchzehen
700 g Cocktailtomaten
3 Stangen Staudensellerie
1 Stück Salatgurke (150 g)
4–5 EL neutrales Pflanzenöl
Cayennepfeffer
1 TL Zucker
1–2 EL helle Sojasauce

Zubereitungszeit: ca. 1 Std. 15 Min.
Pro Portion: ca. 320 kcal

1 Den Rotbarsch kalt abspülen, trockentupfen und – am besten mit dem Wiegemesser – ganz klein würfeln. Die Speisestärke unterkneten, dann das Eiweiß, das Sambal oelek und Salz und Pfeffer untermischen. Aus der Masse walnussgroße Bällchen formen.

2 Die Zwiebel schälen, die Chilis waschen, längs aufschlitzen und entkernen, den Knoblauch schälen. Alles klein würfeln. Die Tomaten waschen und halbieren. Den Sellerie waschen, putzen und in Scheibchen schneiden. Die Gurke waschen, nach Belieben schälen und in 4–5 cm lange Stifte schneiden.

3 2 EL Öl im Wok erhitzen und die Fischbällchen darin portionsweise rundum knusprig braun braten. Dabei bei Bedarf Öl nachgießen. Die Bällchen herausnehmen und auf Küchenpapier entfetten.

4 1 EL Öl im Wok erhitzen, Zwiebel, Chilis und Knoblauch darin bei starker Hitze 1–2 Min. pfannenrühren. Den Sellerie dazugeben und 1–2 Min. unter ständigem Rühren mitbraten. Die Tomaten untermischen und alles 2–3 Min. pfannenrühren. Mit Salz, Cayenne, dem Zucker und der Sojasauce würzen. Die Fischbällchen dazugeben und kurz warm werden lassen. Mit den Gurkenstiften bestreut servieren. Dazu passt Basmatireis (Seite 45).

blitzschnell Rotbarsch in Currysauce

(im Bild links)

Für 4 Personen:
4 Rotbarschfilets (je ca. 200 g)
1 Stück frischer Ingwer (ca. 30 g)
2 Stangen Zitronengras
1 Dose ungesüßte Kokosmilch (400 ml)
1 TL Currypulver
1/4 TL Kurkumapulver
1 EL helle Sojasauce
Salz | Pfeffer
Minzeblätter zum Garnieren

Zubereitungszeit: ca. 20 Min.
Pro Portion: ca. 225 kcal

1 Die Rotbarschfilets kalt abspülen und trockentupfen. Den Ingwer schälen und in Scheiben schneiden. Die äußeren harten Blätter vom Zitronengras entfernen, den unteren Teil jeweils in feine Ringe schneiden.

2 Die Kokosmilch im Wok erhitzen. Ingwer und Zitronengras dazugeben, die Fischfilets darin in ca. 6–8 Min. garen. Herausnehmen und warm halten. Die Kokosmilch etwas einkochen lassen. Mit Curry, Kurkuma, Sojasauce und Salz und Pfeffer würzen. Den Fisch auf vier Teller geben, mit Sauce übergießen und mit Minzeblättern garnieren. Dazu passt Basmatireis (Seite 45).

frisch und leicht **Lachs in Zitronensauce**

Für 4 Personen:
4 Lachssteaks ohne Haut (je ca. 150 g)
3 EL Zitronensaft | 1 Zucchino (ca. 200 g)
1 Bund Frühlingszwiebeln
1 Stange Zitronengras
2 EL neutrales Pflanzenöl
1 Dose ungesüßte Kokosmilch (400 ml)
4 EL Austernsauce
Salz | Pfeffer

Zubereitungszeit: ca. 30 Min.
Marinierzeit: 2 Std.
Pro Portion: ca. 390 kcal

1 Die Lachssteaks eventuell von Gräten befreien, kalt abspülen, trockentupfen und in ca. 1 cm große Würfel schneiden. Mit der Hälfte des Zitronensaftes übergießen und 2 Std. im Kühlschrank marinieren.

2 Den Zucchino putzen, waschen und in feine Stifte schneiden. Die Frühlingszwiebeln putzen, waschen und schräg in 2 cm lange Stücke schneiden. Die äußeren harten Blätter vom Zitronengras entfernen, unteren Teil in feine Ringe schneiden.

3 1 EL Öl im Wok erhitzen. Zucchini, Frühlingszwiebeln und Zitronengras ca. 2 Min. pfannenrühren, an den Rand schieben.

4 Das restliche Öl im Wok erhitzen, die Lachswürfel darin 2 Min. pfannenrühren. Die Kokosmilch angießen. Die Austernsauce unterrühren.

5 Alles zusammenrühren und einmal aufkochen lassen. Den restlichen Zitronensaft unterrühren, alles mit Salz und Pfeffer abschmecken. Dazu passt Basmatireis (Seite 45).

für den Dämpfeinsatz **Gedämpfter Lachs**

Für 4 Personen:
4 Lachskoteletts (je ca. 150 g)
Salz / weißer Pfeffer
2 EL Limettensaft
   (ersatzweise Zitronensaft)
4 Blätter Chinakohl
1–2 Möhren (ca. 100 g)
100 g Knollensellerie
1/2 Stange Lauch
4 Kaffir-Limettenblätter

Zubereitungszeit: ca. 30 Min.
Pro Portion: ca. 320 kcal

1 Den Lachs kalt abspülen, trockentupfen, salzen, pfeffern und mit dem Limettensaft beträufeln.

2 Die Chinakohlblätter kalt abspülen und trockentupfen. Die Möhren waschen, putzen, schälen und in hauchdünne Streifen schneiden. Den Sellerie putzen, schälen und ebenfalls in hauchdünne Streifen schneiden. Den Lauch putzen, längs halbieren, waschen und auch in hauchdünne Streifen schneiden.

3 Die Chinakohlblätter in einem Dämpfeinsatz auslegen, die Lachskoteletts darauf setzen, auf jedes Kotelett 1 Kaffir-Limettenblatt legen. 1/2 l Wasser im Wok aufkochen lassen. Den Einsatz mit den Lachskoteletts hineinstellen, den Lachs – falls nötig in 2 Portionen – zugedeckt ca. 10 Min. dämpfen.

4 Inzwischen die Gemüsestreifen in reichlich kochendem Salzwasser ca. 3 Min. blanchieren. Herausnehmen, in einem Sieb eiskalt abschrecken und abtropfen lassen. Mit Salz und Pfeffer würzen und auf einer Servierplatte verteilen. Den fertigen Lachs darauf anrichten.

ganz einfach Muscheln in Tomatensauce

(im Bild vorne)

Für 4 Personen:
200 g Basmatireis | 2 EL Olivenöl | Salz
je 150 g Blumenkohl und Brokkoli
1/2 rote Paprikaschote
1 Frühlingszwiebel
100 g Zuckerschoten
100 g Sojabohnensprossen
1 Knoblauchzehe
200 g naturell eingelegte Venusmuscheln
   (aus dem Glas)
1/4 Bund glatte Petersilie
300 g stückige Tomaten (aus der Dose)
5 EL Austernsauce | 2 EL helle Sojasauce
1 Msp. Sambal oelek | Pfeffer

Zubereitungszeit: ca. 35 Min.
Pro Portion: ca. 325 kcal

1 Den Reis in einem Topf in 1 EL Öl anbraten. 400 ml Wasser angießen und 1/2 TL Salz dazugeben. Zugedeckt ca. 10 Min. leise kochen lassen, bis das Wasser aufgesogen ist. Die Herdplatte ausschalten, den Reis durchrühren und dann 20 Min. zugedeckt auf der noch warmen Herdplatte ausquellen lassen.

2 Inzwischen den Blumenkohl und den Brokkoli waschen, in Röschen zerteilen und in reichlich kochendem Salzwasser 2 Min. blanchieren. Abgießen, eiskalt abschrecken und abtropfen lassen.

3 Die Paprika waschen, putzen und in feine Streifen schneiden. Die Frühlingszwiebel putzen, waschen und in Ringe schneiden. Zuckerschoten und Sprossen waschen. Zuckerschoten nach Belieben schräg halbieren. Knoblauch schälen und in feine Scheiben schneiden. Muscheln abtropfen lassen. Petersilie waschen, trockenschütteln und fein hacken.

4 1 EL Öl im Wok erhitzen. Brokkoli, Blumenkohl und Zuckerschoten ca. 2 Min. pfannenrühren, an den Rand schieben. Paprika, Sprossen und Frühlingszwiebeln ca. 2 Min. pfannenrühren, ebenfalls an den Rand schieben. Restliches Öl im Wok erhitzen, Knoblauch, Tomaten und Muscheln dazugeben. Mit den Würzsaucen, Salz und Pfeffer abschmecken, dann den frisch gekochten Reis unterrühren. Mit der Petersilie bestreut servieren.

Vorspeise Garnelen auf mediterrane Art

(im Bild hinten)

Für 4 Personen:
400 g geschälte gegarte Garnelen
2 Zweige Thymian | 1 Aubergine (ca. 200 g)
1 kleiner Zucchino (ca. 100 g) | 2 Tomaten
je 1 rote und gelbe Paprikaschote
4 Knoblauchzehen | 4 EL Olivenöl
Salz | Pfeffer | 5 EL Aceto balsamico

Zubereitungszeit: ca. 25 Min.
Pro Portion: ca. 210 kcal

1 Die Garnelen kalt abspülen und trockentupfen. Den Thymian waschen, die Blättchen abstreifen. Die Aubergine, den Zucchino, die Tomaten und die Paprikaschoten waschen, putzen und jeweils in ca. 1 cm große Würfel schneiden. Den Knoblauch schälen und in dünne Scheiben schneiden.

2 3 EL Olivenöl im Wok erhitzen, die Auberginen, Zucchini und Paprika mit dem Thymian ca. 2 Minuten pfannenrühren, an den Rand schieben. Das restliche Öl im Wok erhitzen, die Garnelen und den Knoblauch 1–2 Min. pfannenrühren. Die Tomatenwürfel dazugeben und alles zusammenrühren. Mit Salz und Pfeffer kräftig würzen, zum Schluss den Balsamessig unterrühren.

Register *Rezepte und Hauptzutaten*

Impressum

© 2015 GRÄFE UND UNZER VERLAG GmbH, München

Genehmigte Sonderausgabe

Alle Rechte vorbehalten.

Autor:
Hubert Hienle

Bildnachweis:
Tanja & Harry Bischof

Herstellung:
bookwise GmbH, München